Wie werde ich Reich

Anleitung, Erfolgsnachweise und Übungen
wie Ihre Gedanken Reichtum anziehen können

Jeder Mensch hat seinen freien Willen, kann durch seine Gedanken Positives oder Negatives anziehen, so auch Reichtum, Wohlstand und Überfluss.

Dieses Buch zeigt den Weg, Erfahrungen und Übungen des Autors und möchte Sie ermutigen, Ihr Schicksal selbst in die Hand zu nehmen in dem Sie Ihr Unterbewußtsein durch Ihre Gedanken positiv einstellen.

Dieses Buch kann auch Ihr Leben positiv verändern.

Handeln müssen Sie jedoch selbst und zwar Heute und Jetzt.

Morgen kommt nie, denn Morgen ist Morgen wieder erst Morgen.

Manfred Bogenschütz

Manfred Bogenschütz

Wie werde ich Reich

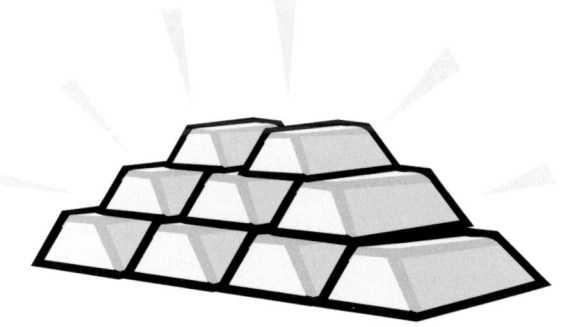

Anleitung, Erfolgsnachweise und Übungen
wie Ihre Gedanken Reichtum anziehen können

Bibliografische Information der Deutschen Nationalbibliothek
Die Deutsche Nationalbibliothek verzeichnet diese Publikation in der
Deutschen Nationalbibliografie;
detaillierte bibliografische Daten sind im Internet über
http://dnb.d-nb.de abrufbar.

Satz und Layout: Manfred Bogenschütz
Fotos: Manfred Bogenschütz
Autorenfotos: www.rolandhuebler.de
Herstellung und Verlag:
Books on Demand GmbH, Norderstedt
ISBN 978-3-8370-8999-8

Inhalt

Dieses Buch ist Teil der Buchserie von Autor Manfred Bogenschütz, **„Liebes Universum"** mit folgenden Titeln:

Wie finde ich meinen passenden Lebenspartner

Ich verbessere Jetzt und Heute meine Beziehung

Meine Arbeit soll Spaß machen

Erfülle mir meine Wünsche

Wie denke ich mich Gesund

Wie werde ich Reich

Der allgemeine Teil für ein glückliches Leben stammt aus dem Buch **„Glücklich Leben im Paradies Erde"** und wurde den jeweiligen Themen dieser Buchreihe angepasst. Die ersten 3 Kapitel in all diesen Büchern sind ähnlich, aber nicht exakt identisch.

6

1 Einleitung

Jeder hat ein glückliches, erfolgreiches Leben verdient. Und wenn wir Jesus Christus glauben, kann sich jeder diesen Traum erfüllen. Es bedarf des uneingeschränkten Willens und Glaubens an die innere Göttlichkeit, die jeder von uns inne hat.

Jesus von Nazareth ist einer meiner Lehrmeister. Alle seine Botschaften können auf einen Gott, der irgendwo im Universum lebt, aber auch auf die uns innewohnende Göttlichkeit bezogen werden. Es ist nicht nötig, dass Sie als Leser dieses Buches an Jesus oder sonstige Propheten glauben. Die innere Göttlichkeit kommt aus Ihrem Herzen und bedarf somit keinerlei äußerer Kräfte.

Ich habe viele unterschiedliche Ansichten, Interpretationen und wissenschaftliche Beweise aus Büchern gelesen, und habe selbst meine eigenen Erfahrungen erlebt, kleine wie für mich große Wunder.

Mein besonderer Dank gilt Jesus Christus, der mir als Lehrmeister mit seinen Worten geholfen hat, dass ich mein Leben im Paradies Erde von nun an und allzeit meines Lebens genieße und täglich neu erleben darf.

In diesem Buch werden immer wieder Bezüge auf Worte Jesus dargestellt. Diese Worte Jesus habe ich aus unterschiedlichen Quellen, hauptsächlich der Bibel und ähnlicher Schriften.

Dieses Buch ist für alle Menschen jeglicher Glaubensrichtung gedacht und soll niemanden von seinem Glauben oder gläubigen Einrichtung abbringen. Es soll jedem ein Ansporn sein, seinen Glauben mit seiner inneren Göttlichkeit zu vereinen.

Auch für Menschen ohne kirchliche Abhängigkeit steht der Weg zur inneren Göttlichkeit offen. Wie Jesus schon sagte:

„Vor Gott sind alle Menschen gleich"

Mein Dank gilt auch allen anderen Menschen dieser Welt, gleichgültig der Rasse, des Glaubens, ob Sie mir je wehgetan oder mir stets Liebe geschenkt haben. Wem ich je wehgetan habe, den bitte ich hiermit um Verzeihung.

Nicht zuletzt möchte ich meiner Lebenspartnerin Melitta Wegmann für ihr Verständnis und ihre Hilfsbereitschaft zur Entstehung dieses Werkes danken. Wir haben uns im Universum bestellt und gefunden.

Der Autor, Manfred Bogenschütz

„Wer mein erstes Buch „Glücklich Leben im Paradies Erde" gelesen hat, kann manche Kapitel im Schnelldurchlauf überfliegen. Die Kapitel wurden an das Thema dieses Buches angepasst. Die allgemeinen Naturgesetze von Aktion=Reaktion sowie der Anziehung und Resonanz sind für meine Leser bereits bekannt. Es erschien mir jedoch wichtig, dass auch neue Leser die Vorgeschichte von mir und wie die Naturgesetze funktionieren, erfahren."

Manfred Bogenschütz

1.1 Entstehung dieses Buches

Warum schreibe ich hier ein spirituelles Buch über Reichtum, Wohlstand und Überfluss? Ich habe viele Jahre Sachbücher über Partnerschaft, Liebe, Sexualität, Feng Shui, Sportarten wie Thai Chi, Qi Gong, Pilates Training, Yoga, Spirituelles, Jesus Christus und Geheimnisse auf unserer Erde studiert. Dabei habe ich viel gelernt, besonders in Bezug auf Menschen und Partnerschaft und habe auch viele Erfahrungen in Bezug auf ein glückliches Leben gesammelt.

Ich war 10 Jahre angestellter Ingenieur in der Entwicklung, als Qualitätsbeauftragter und Projektleiter tätig. Obwohl ich sehr gut verdient hatte, hat mich der Beruf nicht erfüllt. Ich suchte meine Berufung und meinen Sinn des Lebens.

Im Juli 2005 kam mein Durchbruch, meine totale Veränderung. Ich hatte einen Urlaub mit meiner damaligen Lebensgefährtin an die türkische Riviera gebucht. Kurz vor der Abreise trennten wir uns und somit trat ich die Reise letztendlich alleine an. Es war für mich die Reise ins Licht. Mein Bruder, der sich ebenfalls mit spirituellen Themen befasst, sich zum Heiler und Heilpraktiker ausbildete und sich auch mit den Themen Feng Shui, Jesus und Geheimnisse der Erde auseinandersetzt, empfahl mir vor meiner Abreise zwei Bücher, die ich mir dann von ihm ausgeliehen habe. Es mögen vielleicht gar nicht allein diese Bücher sein, die mich ins Licht führten, sondern die ganzen Umstände, dass ich diesen Urlaub ganz für mich allein genießen konnte. Ich war somit offener für die Materie, das Geistige. Also wenn ich Ihnen an dieser Stelle diese beiden Bücher empfehle, dann deshalb, weil ich sie super finde. Nicht aber mit der Garantie, dass sie auch Ihnen gleich zum Licht verhelfen werden. Es Bedarf der entsprechenden inneren Einstellung.

Ich war erst enttäuscht, dass ich die Reise allein antreten musste. Ich ging zum Flughafen Stuttgart, flog in die Türkei und ließ mich zum Hotel fahren. Die nächste Enttäuschung. Zwischen der Hotelanlage und dem Strand lag eine viel befahrene Straße, das Hotel hatte eine schlechtere Ausstattung, als ich gewohnt war und ich mir bei der Buchung vorgestellt hatte. Mein Zimmer lag an einer Nebenstraße, wo der Ausblick gegen eine Mauer gerichtet war. Enttäuschung pur. Für mich gab es nur eins, raus, ein Wechsel in ein anderes Hotel und dies habe ich dann auch sofort bei der Reiseleitung vor Ort angesprochen. Ich wurde mehrere Tage vertröstet, von einem zum anderen Tag. Was habe ich dann gemacht? Ich habe gelesen und gelesen, was sollte ich sonst tun? Erst das Buch *Das LOL²A-Prinzip – Die Vollkommenheit der Welt* von

Liebes Universum - Wie werde ich Reich

René Egli. Die erste Hälfte des Buches war mir erst langweilig, weil ich mich wegen dem Ärger mit dem Hotel wohl schlecht konzentrieren konnte, aber dann wurde es für mich immer spannender und für mich auch nachvollziehbar, was sich in meinem Leben bisher so alles abgespielt hatte und wie ich mein Leben durch ein paar einfache Veränderungen an mir selbst drastisch verbessern konnte. In einfachen Worten ausgedrückt könnte man auf einer Seite die Kernaussage für dieses Buch definieren. Natürlich ist der Rest des Buches für die Hintergründe, die Beweise und Umsetzungen erforderlich. Die meisten Menschen, mich nicht ausgeschlossen, benötigen Beweise für übernatürliche Phänomene. An dieser Stelle nur kurz und bündig; LOL²A steht für

LO   = Loslassen

L²   = Liebe (L² = Liebe mal Liebe, Liebe ist das Wichtigste im Leben)

A   = Aktion/Reaktion

Das zweite Buch, welches ich dann noch gelesen habe, ist *Hände weg von diesem Buch* von Jan Udo Holey alias Jan van Helsing, welches ich auch jedem gerne empfehle.

Ich möchte keinen Vergleich dieser Bücher anstellen. In beiden Bücher sind für mich die Fakten über die Geheimnisse, die hinter unserem Leben stehen, die Gesetzmäßigkeiten, wie wir selbst unser Leben durch Gedankenkraft lenken und wie wir mit einfachen Veränderungen unseres Denkens unser Leben positiver gestalten können so gut dargestellt, dass ich nun meine eigene Gestaltung meines ganzen Lebens nachvollziehen kann. Selbstverständlich habe ich aus vielen anderen Werken vorher und nachher dazugelernt, einige davon finden Sie im Literaturverzeichnis dieses Buches.

Was meine positive Veränderung ab Juli 2005 angeht, steht ausführlich in meinem ersten Buch „Glücklich Leben im Paradies Erde". Das Buch hat hunderte von Lesern beeindruckt und es gab rege Nachfrage nach mehr Details in Bezug auf die einzelnen Lebensbereiche. So entstand aus dem ersten Buch nun eine Serie von einzelnen, tiefer greifenden Büchern, die ich als Serie unter dem Oberbegriff „*Liebes Universum*" veröffentliche. Dieses Buch ist ein Teil der Serie und zeigt meine Erfahrungen in Bezug auf Reichtum, Wohlstand und Überfluss.

Mehrere Ereignisse, für mich kleine Wunder, haben sich ereignet. Ich habe Gegenstände mit Gedankenkraft verschoben, Menschen sehr glücklich gemacht und Selbstheilungen durchgeführt.

Kapitel 1: Einleitung

Auch das Hotel im Urlaub wurde für mich immer angenehmer. Das Essen war besser als in vielen anspruchsvolleren Hotels, welche ich sonst besuchte. Die Menschen waren glücklicher und zufriedener als ich es sonst gewohnt war.

Ich kann mich an einen jungen Mann erinnern. Er war wie ich allein in diesen Urlaub gefahren und war sehr einsam, wollte eine Partnerin, tat sich aber schwer im Umgang mit Frauen, weil er sehr schüchtern war. Ich habe mich an der Poolbar mehrere Abende mit ihm unterhalten und ihm von meinen Erkenntnissen in Bezug auf unsere Gedankenkraft und von meinen kleinen Wundern erzählt. Er hat mich sehr schnell in sein Herz eingeschlossen, freute sich, dass sich jemand für seine Probleme interessiert und ihm ein glücklicheres Leben auf dieser Erde wünscht und gönnt. Ich kann mich auch noch genau erinnern, wie ihm in unserem Gespräch die Tränen kamen. Gerne wüsste ich heute, wie es diesem jungen Mann nun geht, aber leider verloren wir uns aus den Augen, wie es so oft im Leben passiert. Man lernt Menschen weit ab von der gewohnten Umgebung kennen und sieht sich vielleicht erst viele Jahre später oder überhaupt nicht mehr wieder.

In der Zeit nach diesem Urlaub habe ich mich weiterhin immer wieder mit Büchern und Beiträgen beschäftigt, die in Richtung *Macht unserer Gedanken* gehen. Das Buch *Der kosmische Bestellservice* von Barbara Mohr hat mich gelehrt, wie man im Universum Bestellungen aufgibt. Positive wie auch negative Bestellungen, das hört sich jetzt vielleicht komisch an, aber es ist so. Jeder Gedanke im Unterbewusstsein, der von Herzen kommt, wird erfüllt und in der heutigen Zeit, wo wir von den Medien viel Negatives erfahren, sind unsere Gedanken von negativen Einflüssen mehr als im positiven Denken gelenkt. Diese Erkenntnis habe ich auch erst, seit ich mich mit der Materie befasse. Anfangs war es mir selbst sehr unangenehm, wie viele negative Gedanken in uns schlummern. Je mehr ich mich dem Positiven zugewandt habe, desto mehr verschwinden diese negativen Gedanken. Heute denke ich fast nur noch positiv. Wenn mir ein negativer Gedanke durchs Ohr flüstert suche ich positiven Ersatz. Zu meinem Glück kommt dies nur noch selten vor.

Aber warum lesen Sie dieses Buch? Vielleicht sind Sie nur neugierig, was dieser Manfred Bogenschütz schreibt und vermitteln will, weil Sie ihn bereits persönlich kennen. Vielleicht befassen Sie sich ja auch bereits mit spirituellen Themen. Suchen Sie vielleicht auch noch nach Beweisen für die .Macht unserer Gedanken? Haben Sie vielleicht auch schon Erfolge mit Ihrem positiven Denken erzielt und Ihre Wünsche gingen in Erfüllung? Es ist völlig gleichgültig warum. Und wenn Sie sich neu auf diesem Gebiet befinden, kann ich Ihnen nur empfehlen, probieren Sie es aus. Probieren kostet nichts und es kann sein, dass Sie durch die Umsetzung dessen, was in diesem Buch steht, in Kürze in Reichtum, Wohlstand und Überfluss leben werden.

Es gibt so viele Sprichworte und von namhaften Menschen ausgesprochene Sätze wie *„Dein Glaube versetzt Berge", „Wie man in den Wald hineinruft so schallt es wieder zurück", „Wer anderen eine Grube gräbt fällt selbst hinein"* usw.

All diese Sätze haben ihren wahren Ursprung und sind in uns selbst zu finden.

Es gibt auch Lieder über Bestellungen im Universum. Auch diese wurden sicher nicht ohne Grund geschrieben und gesungen.

Nachdem ich seit 2005 viele für mich kleine Wunder erlebt habe, meine negativen und positiven Lebenserfahrungen nachvollziehen kann und ich meine Partnerin Melitta über eine Bestellung im Universum kennen gelernt habe und sich immer mehr Wünsche bei mir erfüllen sowie Selbstheilungen erfolgreich durchgeführt habe, wollte ich diese Erfahrung auch anderen Menschen zugänglich machen.

Schade ist, dass noch viele Menschen an einen Zufall glauben, den es nicht gibt. Es fällt Dir zu, was Du selbst verursacht hast.

Wir sollten uns vielmehr auf die Suche nach unserem inneren Gott machen. Und dazu möchte ich mit diesem Buch beitragen.

Liebe und Dankbarkeit sind die Schlüsselwörter, die ich Ihnen gerne vermittle.

In diesem Buch geht es um Reichtum, Wohlstand und Überfluss. Auch hierbei spielt Liebe und Dankbarkeit eine wichtige Rolle. Alles was bisher in unserem Leben geschah, hatte seinen Sinn. Wir können uns auch für unglückliche Tage bedanken, denn diese haben uns gelehrt, was wir uns heute nicht mehr wünschen. Ich kann Ihnen nur ans Herz legen, Allem was bisher negativ verlief, zu verzeihen, es zu akzeptieren sowie Liebe und Dankbarkeit auch den negativen, vergangenen Dingen zu senden. Das hört sich vielleicht schwierig an, aber es ist der Schlüssel für eine glückliche Zukunft. Nur wenn Sie frei und voller Liebe sind, steht Ihrem Glück nichts mehr im Wege.

Wie Sie dann Reichtum, Wohlstand und Überfluss anziehen können, schildere ich anhand meiner eigenen Erfahrungen und anhand von Erfahrungen, welche ich aus anderen Büchern und persönlichen Kontakten kenne.

Ich wünsche Ihnen viel Spaß beim Lesen und vor allem viel Glück und Erfolg.

Ihr Manfred Bogenschütz

1.2   *Wie lese ich dieses Buch?*

Dieses Buch ist so geschrieben, dass Sie es immer wieder lesen und es auch als Arbeitsbuch verwenden können.
Die ersten Kapitel sind zum allgemeinen Verständnis zum Thema Glückliches Leben. Es soll Ihnen die Hintergründe, Fakten darlegen und Literaturhinweise zeigen, wo Sie ggf. weitere Informationen über die angesprochenen Themen erfahren.
In späteren Kapiteln lesen Sie Erfolgsgeschichten, die ich bisher erlebt habe. Diese Kapitel können Sie immer wieder als Nachschlagewerk benutzen, um Ihre Erfahrungen mit meinen zu vergleichen.

Im weiteren Verlauf des Buches ist beschrieben wie Sie Reichtum, Wohlstand und Überfluss anziehen können und was zu tun ist um ein glückliches Leben zu führen. *„Der Glaube versetzt Berge"* ist ein Sprichwort, welches ich nur bestätigen kann. Wenn Sie sich also sagen *„das klappt bei mir sowieso nicht"*, dann hat es schon funktioniert, denn dann ist Ihr Wunsch bereits erfüllt, ohne dass Sie etwas tun müssen. Es wird dann nicht klappen. Oder vielleicht doch, denn das Unterbewusstsein kennt Verneinungen wie *„nicht"* und *„keine"* usw. nicht. Also egal, was Sie mit dem Wissen aus diesem Buch tun, Sie können an der Tatsache, an dem Naturgesetz, dass alle Ihre Gedanken unweigerlich umgesetzt werden, nichts verändern. Das Einzige, was Sie tun können, sind Ihre Gedanken zu verändern und zwar in Ihrem eigenen Interesse nur noch ins Gute, ins Positive, Tag für Tag.

Kurz zur Umgangssprache Ihm/Ihr bzw. Mann/Frau. Ich schreibe hier immer von Menschen ohne Berücksichtigung der Anrede. Der Mensch ist in unserem Wortgebrauch männlich und deshalb wird hier meist in der männlichen Form geschrieben. Sie werden sicher verstehen, wer als Partner oder Nachbar oder Sonstiges gemeint ist. Jedes mal beide Geschlechter aufzuführen würde den Fluss des Textes verschlechtern.

Ich habe in diesem Buch keine Listen oder Formulare zur individuellen Übung aufgeführt, da die meisten Leser diese ohnehin nicht benutzen würden. Es empfiehlt sich aber, sich schon während des Lesens Notizen zu machen, was man künftig an sich selbst ändern will, um ebenfalls ein glücklicheres Leben zu führen. Es müssen nicht einmal Notizen aus diesem Buch sein, oft fällt einem beim Lesen von Erfahrungsberichten Anderer plötzlich ein eigenes Ereignis ein, welches man einmal erlebt hat. Oder Sie haben plötzlich eine Idee, welche Sie später in die Tat umsetzen wollen. Wenn Sie diese nicht als

Aufgabe notieren, verliert sie meist wieder an Bedeutung oder gerät in Vergessenheit. Deshalb meine Empfehlung, machen Sie sich Notizen, was Sie ab Heute verändern wollen.

Ebenfalls eine wichtige Sache, visualisieren Sie Ihre Wünsche und Ziele, auch in Bezug auf Ihren Wohlstand. Hängen Sie Bilder von den Dingen, welche Sie sich wünschen, sichtbar an die Wand oder wohin Sie wollen. Wichtig dabei ist, dass Sie diese Bilder immer wieder, möglichst täglich sehen. Ihr Unterbewusstsein arbeitet automatisch auf die Erreichung dieser Ziele hin.

In diesem Buch tauchen immer wieder Wiederholungen auf. Dies schreibe ich bewusst bei den Passagen, welche besonders wichtig sind. Wiederholung dient der Vertiefung in unserer Wahrnehmung und unserem Gedächtnis.

Im Grunde würde es ausreichen, wenn ich hier ein Buch mit einer Seite schreiben würde. Die Kernaussage des Buches würde nämlich gut auf eine Seite passen. Eine solche Seite stellt die Zusammenfassung und Kernaussage hinten im Buch dar. Vielleicht kopieren Sie sich diese Seite und visualisieren sich diese an einem für Sie täglich sichtbaren Bereich.

Ich habe festgestellt, dass viele Menschen immer wieder darauf aufmerksam gemacht werden müssen, was sie alles mit ihren Gedanken verursachen. Auch deshalb sind Wiederholungen und meine Erfahrungen als Nachweise notwendig. Ich selbst habe auch Jahre gebraucht um die Tatsachen welche ich hier schreibe zu glauben und zu verstehen.

Ich wünsche Ihnen eine interessante Reise in ein glückliches, erfolgreiches Leben.

„Denken Sie an Reichtum Wohlstand und Überfluss."

Manfred Bogenschütz

1.3   *Jesus Christus als Lehrmeister*

Zunächst möchte ich zu diesem Thema erst einmal den Aberglauben ausräumen, Jesus hätte irgendetwas mit Kirchen und kirchlichen Organisationen zu tun. Die kirchlichen Organisationen tun sicher ihr Gutes und ich möchte niemand, der einer solchen Organisation angehört, davon abbringen. Ohne die kirchlichen Organisationen wäre vermutlich die Überlieferung der Botschaften von Jesus Christus, aber auch sonstigen Propheten wie Moses, Allah, Buddha usw. verloren gegangen.

Meine Vorstellung von Jesus Christus und seinen Botschaften sind dahingehend, dass ich mich mit den Worten, den Predigten und Darstellungen so identifiziere, dass sie jedem Menschen jeglichen Glaubens auch ohne kirchliche Zuordnung offen stehen.

Woher Jesus Christus kam, es ist die Rede, dass Mutter Maria ihn ohne Geschlechtsverkehr gebar, spielt keine Rolle. Woher Jesus Christus nach seinem Tode ging und wann dies wohl gewesen sei, ist ebenfalls unwichtig. Es steht im Neuen Testament, er sei gen Himmel aufgefahren, wo immer dies auch sein mag. Andere Illustrationen behaupten, dass er nach der Kreuzigung gepflegt wurde und in Indien eine zweite Frau geheiratet hätte, Kinder mit dieser Frau hatte und später mit über 80 Jahren verstorben sei. Es gibt noch viele weitere mögliche Variationen. Ich kenne die wahre Geschichte nicht und es spielt für mich auch keine Rolle.

Jedenfalls faszinieren mich die Worte Jesus Christus, weil in seinen Worten für mich ganz klar hervor geht, dass er von der inneren Göttlichkeit, die in uns allen vorhanden ist, gesprochen hat.

Für mich scheint es so, als ob die Worte Jesus von den meisten Menschen nicht richtig verstanden worden sind und werden. Und nach all dem, was ich aus anderen Publikationen erfahren habe, vermag ich zu behaupten, ich bin nicht der einzige, welcher so denkt. Vielleicht verstehe auch ich die ganzen Botschaften nicht richtig. Was ist richtig und was falsch? Jeder darf seinen freien Willen und seinen Glauben walten lassen.

Betrachten wir nur ein paar Sätze von Jesus Christus.

Hat Jesus Christus die Kranken geheilt? Jesus sagte angeblich nach den Heilungen stets *„Dein Glaube hat Dir geholfen"* oder *„Dein Glaube hat Dich geheilt"*. Wer hat die Kranken also geheilt?

Jesus hat angeblich auch gesagt *„Der Herr ist in Dir", „Gott ist um uns, mit uns und in uns"* und *„Denn Dein ist die Kraft und die Herrlichkeit…"*. Wo ist also Gott? Im Himmel? Wo ist der Himmel? Gott ist in uns.

„Sehet die Lilien…", auch ein sehr schöner Satz aus der Bergpredigt, den ich immer wieder denken muss. Jesus Christus sprach so deutlich, dass die Menschen, welche suchend sind und noch nicht gefunden haben, wohl nichts verstanden haben.

Wir haben das Paradies auf dieser Erde. Unsere materielle Denkweise und dass wir meist nicht mit dem zufrieden sind, was wir gerade haben, verdunkelt unser Wahrnehmungsbewusstsein. Auf unserer Erde ist genug für alle da, ob Nahrung, Luft, Mineralstoffe oder was immer wir benötigen. Auch Geld gibt es genug und wenn nicht, dann drucken unsere Machthaber einfach Neues, also auch kein Problem.

Seit ich mich mit all diesen spirituellen Themen befasse, kann ich immer mehr die Worte Jesus Christus verstehen, nachvollziehen und davon profitieren. Deshalb nenne ich dieses Kapitel auch Jesus Christus als Lehrmeister. Ich habe sehr viel von ihm gelernt, auch wenn ich nur durch Übermittlungen und leider nicht über persönliche Lehre teilhaben darf.

Jesus Christus ist für mich und sicher für viele Menschen der wohl liebevollste, ehrlichste und vertrauensvollste Mensch, der je gelebt hat.

Ich möchte ihm an dieser Stelle meine größte Bewunderung und Hochachtung aussprechen und ihm für alles danken, was er auf der Erde bewegt hat, noch bewegt und in Zukunft bewegen wird.

Ich hoffe auch, dass die Menschheit aufwacht und das Paradies Erde als solches annimmt, pflegt und genießt.

„Haben wir wirklich verstanden was Jesus Christus uns als Lehrmeister lehren wollte?"

Manfred Bogenschütz

1.4 Die Macht der Gedanken

Es gibt viel Literatur auf diesem Gebiet und auch Jesus Christus hat mit seinen Worten *„Dein Wille geschehe"* ausgedrückt, dass unsere Gedanken und unser Glaube Berge versetzen können.

Alle unsere Gedanken sind Wünsche, die wir unbewusst ins Universum senden. Wenn wir negative Gedanken haben, sind die Wünsche negativ. Wenn wir positive Gedanken haben, sind die Wünsche positiv. Wie wir es drehen und wenden, unser Wille geschieht. Der eine Wunsch erfüllt sich sofort, der andere etwas später. Wenn sich die Wünsche dann erfüllen, sagen wir zumeist, *„oh, so ein Zufall"*. Aber ich habe ja bereits erwähnt, dass es den Zufall nicht gibt. Es fällt uns zu, weil wir es uns gewünscht haben.

Nun, wie können wir nun Reichtum anziehen? Warum haben wir die Macht der Gedanken? Es wird in der Literatur auf unterschiedlichste Weise gelehrt. Hier kann ich nur meine Version, die auf den unterschiedlichsten Darstellungen basieren, erklären. Es ist vergleichbar mit physikalischen Gesetzmäßigkeiten, die besagen, dass Energie nicht erzeugt, sondern nur umgewandelt werden kann. Ebenfalls aus der Physik kennen wir die Gesetzmäßigkeit Aktion = Reaktion, was wir alle bereits in der Schulausbildung gelernt haben. Dem Thema Aktion = Reaktion habe ich ein eigenes Kapitel gewidmet, da es einen sehr wichtigen Aspekt in unserem Leben ausmacht.

Unsere Gedanken haben ebenso die Gesetzmäßigkeit, dass sie alle in Erfüllung gehen. Voraussetzung dafür ist nur, dass sie von Herzen kommen, also nicht oberflächlich gedacht, sondern im Unterbewusstsein verankert sind. Diese Gedanken kommen aus Liebe, Hass, Freude, Leid, Gönnen, Neid, Gefühle, Ablehnung usw. Sie sehen, hier sind bereits die Gegensätze dargestellt, was zu negativen und positiven Wünschen führt. Das Schöne an der ganzen Sache ist, dass wir niemand etwas Schlechtes oder Gutes antun können, sondern alles, was wir uns ausdenken, stets zu uns zurückkommt. Natürlich scheint es oft, dass wir durch unser handelndes Denken jemand anderem Schaden, Freude oder Gesundheit und Krankheit zugeführt haben, aber wissen wir über deren Gedanken Bescheid, was sie sich gewünscht haben? Jeder ist seines Schicksals Schmied. In den Darstellungen meiner Erfahrungen werden die Gesetzmäßigkeiten von Aktion = Reaktion besser greifbar, da Sie Beispiele dafür geliefert bekommen, die ich selbst erlebt habe.

Ich möchte Ihnen erklären, dass alles, was Ihnen im Leben widerfährt, die Reaktion auf ihre früheren Gedanken und unbewussten Wünsche ist.

Somit ist auch klar, dass Gedanken gefährlich sein können. Wenn Sie immer wieder an Schulden und Armut denken, dann besteht eine große Wahrscheinlichkeit dass dies eintritt bzw. sich Ihre finanzielle Situation verschlechtert.

Wenn Sie an Liebe, Dankbarkeit, Friede, Gesundheit, Glück, Erfolg, Reichtum und Wohlstand denken, wird sich dies auch umsetzen. Warum? Ganz einfach, weil Sie es sich durch Ihre Gedanken im Universum bestellt haben.

Die Welt ist das, was Sie von ihr denken. Wenn Sie die Straße entlang laufen und für Sie die Menschen schlecht sind, dann werden Sie feststellen, dass die Menschen Sie nicht beachten, Sie vielleicht sogar provozieren oder demütigen. Starten Sie mit einem Versuch. Lächeln Sie, wünschen Sie allen Menschen, Tieren, Pflanzen, einfach allem Liebe und Dankbarkeit. Schauen Sie was dann passiert. Ein altes Managersprichwort lautet, LMAA (lächle mehr als andere).

Gott ist in uns und so erleben wir dies jeden Tag. Ich habe schon oft gehört, *„wenn es einen Gott gäbe, würde es mir doch nicht so schlecht gehen"*. Was trifft hier wieder ganz genau zu? Der Gedanke, *„es geht mir schlecht"*, wird umgesetzt als Wunsch und es geht diesen Menschen schlecht und es wird ihnen immer schlechter gehen. Genauso verhält es sich mit den vielen kranken Menschen. Die Medizin kennt das wohl jedem bekannte chronische Kranksein. Wohl wissen die meisten, was chronisch krank bedeutet, nämlich ohne erkennbare Symptome krank zu sein, aber den Wenigsten ist diese Tatsache bewusst. Ich bin krank, mir tut alles weh und vieles mehr schwirrt in den Köpfen herum und dabei wäre es doch so einfach, sich selbst zu heilen. Gesundheit, Liebe und Dankbarkeit für unser Wohlbefinden sind hierfür die Schlüsselworte. Auch der Placeboeffekt ist die Reaktion unseres Körpers auf die Aktion unseres Geistes. Unerklärlich und selbst in der Schulmedizin immer mehr akzeptiert. Solche Krankheiten sind oft auf ein schlechtes Betriebsklima zurückzuführen.

Wenn Sie sich immer nur über die bisherigen schlechten Erfahrungen ärgern, bestellen Sie im Universum wieder genau solche schlechten neuen Erfahrungen. Das Universum nimmt Ihre Gedanken für bare Münze und erfüllt Ihre Gedanken als Wünsche. Das Gesetz der Resonanz zieht magisch immer wieder das in Ihr Leben, was Sie immer wieder denken.

Denken Sie positiv und ziehen Sie somit Positives in Ihrem Leben an. Ausprobieren lohnt sich und kostet nichts.

1.5 Aktion = Reaktion

„Wie man in den Wald hinein schreit, so hallt es auch wieder zurück. " Ein bekanntes Sprichwort und nicht nur das, Aktion = Reaktion kennen wir alle aus der Physik als eines der physikalischen- bzw. Naturgesetze.

Was bedeutet dies nun für unseren Reichtum bzw. Wohlstand? Im Grunde ganz einfach. Wenn ich ständig an Schulden und Armut denke, ziehe ich Schulden und Armut immer mehr an. Denke ich positiv, ziehe ich Positives an. Wir können dies auch Anziehung nennen. Wir ziehen das an, was wir aussenden bzw. ausstrahlen.

Ein kleines Beispiel soll dies verdeutlichen.

Ich hatte eine Kneipe. Diese war sehr gut besucht und der Umsatz konnte sich sehen lassen. Wenn ich meinen Gästen nur das brachte, was sie sich bestellt hatten, war der Umsatz ok. Wenn ich aber den Gästen hin und wieder ein Getränk gratis brachte, konnte sich der Umsatz zum Teil verdoppeln. Die Reaktion auf meine großzügige Geste wurde also dadurch belohnt, dass ich etwas verschenkt habe. So ist es auch mit Spenden, mit Liebe und allem, was Sie sich nur vorstellen können.

Jeder hat sicher schon selbst bemerkt, was passiert, wenn man jemanden Liebe schenkt. Besonders bemerkbar macht es sich natürlich, wenn man dies auf nicht alltägliche Art tut, z.B. ohne Grund einer Frau ein paar Blumen mitbringt oder wenn man dies nicht täglich macht, immer wieder sagt *„ich liebe Dich"* oder wie auch immer. Was passiert dann? Man bekommt eine geballte Ladung Liebe zurück.

Nun, es ist natürlich nicht immer so, dass man direkt auf das Ausgesendete eine Antwort bekommt, aber Aktion = Reaktion ist ein Naturgesetz, welches immer funktioniert.

Was würde nun also passieren, wenn alle Menschen nur noch Liebe, Dankbarkeit, Freude, Friede, Gesundheit, Glück, Erfolg, Reichtum, Wohlstand, Überfluß usw. aussenden würden? Ja, wir leben im Paradies und haben es noch nicht bemerkt. Denn, zu jedem dieser positiven Begriffe gibt es ein Gegenstück und diese sind Hass, Neid, Leid, Krieg, Krankheit, Unglück, Misserfolg, Armut usw. Was sollten wir also ab sofort Tag für Tag aus unseren Gedanken dringend verschwinden lassen? Wir verbannen einfach all diese negativen, in all den Jahren seit unserer Kindheit suggerierten und eingetrichterten schlechten Gedanken.

Liebes Universum - Wie werde ich Reich

Je mehr Sie sich mit diesem Thema befassen, desto mehr wird Ihnen klar vor Augen geführt, wie viele negativen Gedanken wir in unserem Gehirn bisher mit geschleppt haben. Aber ich kann Ihnen versichern, es lohnt sich, denn Sie werden diese negativen Gedanken mehr und mehr verlieren.

Auch nach Jahren positiven Denkens kommen mir noch zum Teil solche negativen Gedanken und ich verwandle sie umgehend ins Positive.

Zu Aktion = Reaktion bedarf es aber noch etwas ganz Besonderem, dem Loslassen, was im Buch *Das LOL²A-Prinzip – Die Vollkommenheit der Welt* von René Egli sehr gut beschrieben ist. Denn all unsere Gedanken sind Wünsche ans Universum und werden erst erfüllt, wenn wir davon loslassen. Oben habe ich Beispiele genannt, wo Aktion = Reaktion sofort erkennbar waren.

Die meisten unserer Gedanken sind allerdings so abstrakt, dass wir, weil sie tief aus unserem Inneren, unserem Unterbewusstsein kommen, diese nicht als Wünsche wahrnehmen. Dies gilt insbesondere für die negativen Wünsche. Wer würde sich schon wünschen, dass er gehasst wird, dass ihm ein Unfall passiert oder dass er geschlagen wird? Verstehen können wir schon eher unsere positiven Wünsche. Aber genau da liegt der wichtige Aspekt des Loslassens. Von den negativen Gedanken können wir viel besser loslassen, weil wir diese nicht als Wünsche erkennen. Deshalb erfüllen sich die negativen Wünsche schneller und öfter und wir fallen immer tiefer. Unsere positiven Wünsche wollen wir mit aller Kraft und lassen davon nicht los. Somit erfüllen sich diese langsamer oder erst so spät, dass wir es dann kaum noch glauben können, nämlich dann, wenn wir davon losgelassen haben.

Es ist phänomenal, ja, einfach genial, wie wir Menschen geschaffen wurden. Wir können durch unseren freien Willen einfach alles haben, was wir wollen. Einfach nur denken und dann loslassen. Nun, es ist zwar so einfach, aber es gibt da einen Haken. Wo ist der Haken? Schauen Sie in den Spiegel und lächeln Sie dem Haken zu, er wird Ihnen ebenfalls ein Lächeln zurücksenden.

Für uns ist das Loslassen bei positiven Wünschen zu schwierig. Wie können wir nun besser loslassen? Indem wir zwar unsere Ziele als Wünsche aussenden, vielleicht bei einer täglichen Meditation, dann aber loslassen, indem wir mit all dem, was wir haben, voll und ganz zufrieden sind. Wir danken für und lieben alles was wir haben und freuen uns über das schöne Wetter, die Wohnung, die Nahrungsmittel, die Tiere, die Pflanzen und alles, was wir bereits besitzen.

Ich kann Ihnen sagen, bevor ich mit solchen Themen gearbeitet habe, traf ich in jeder fremden Toilette auf verschmutzte Anlagen, wenn ich etwas im Freien zu erledigen hatte, regnete es und so könnte ich noch vieles aufzählen.

Kapitel 1: Einleitung

Heute danke ich jeden Tag für das schöne Wetter, auch wenn es regnet, denn dies ist lebensnotwendig für die Pflanzen. Auch den Pflanzen danke ich und erfreue mich der Farbenpracht, und an saubere Toiletten musste ich nur einmal denken und danach loslassen. Heute kann ich auf jede Toilette gehen und wenn von sechs Toiletten eine sauber ist, dann ist diese für mich frei.

Ich weiß, wenn Sie sich neu mit diesem Thema befassen, mag es sich für Sie verrückt anhören, aber es ist einfach so. Sie haben den freien Willen wie ich und jeder andere Mensch, und können es jederzeit ausprobieren.

Die Schlüsselwörter sind LOL²A, also Loslassen, Liebe, Aktion/Reaktion bzw. die Anziehung dessen, was wir durch unser Denken aussenden.

Oder wie Jesus Christus sagte: *„Es geschehe nach Deinem Willen"*, *„Der Herr ist mit Dir"*, usw.

Viele meiner Erfolge basieren auf Aktion = Reaktion.

Wir alle wurden positiv denkend geboren, jedoch wurde uns vom Elternhaus, von der Schule und unserem Umfeld mehr oder weniger aufgezwungen, das darfst Du nicht, das kannst Du nicht, das ist gut und jenes ist schlecht, usw. Von Kindern können wir vieles lernen. Kinder haben Mut, keine Angst, sie lachen, weinen nur wenn sie etwas haben wollen, was sie nicht bekommen oder etwas nicht tun dürfen, sie sagen die Wahrheit, lügen nur wenn man sie dazu verleitet, sie sind einfach genial. Aber wie lange? Bis sie Erwachsen sind?

Ich möchte Sie dazu motivieren, sind Sie wie die Kinder und lassen Sie Ihren positiven Wünschen freien Lauf. Vergessen Sie, was man Ihnen verweigert, hören Sie auf Ihr Herz und Ihr Bauchgefühl und machen Sie nicht, was Andere von Ihnen erwarten. Oder besser gesagt, was Sie denken, was Andere von Ihnen erwarten. Sie können es doch nicht jedem recht machen. Was für den einen gut und recht ist, ist für den Anderen schlecht und unrecht. Auch hierüber gibt es genügend Beispiele in der Politik, in der Wirtschaft und im täglichen Leben. Ich möchte kein Politiker sein. Die einen würden mich wählen, weil meine Ideen für diese Leute gut sind, die anderen würden mich am liebsten mit Tomaten bewerfen. Oder Papst? Hunderttausende beten ihn an, und warum muss er dann im Panzerwagen sitzen?

Hass, Neid, Leid, Krieg, Krankheit, Unglück, Misserfolg, Armut, alles unnötige uns angelernte Parasiten. Was unser Elternhaus, unsere Schule und unser Umfeld versäumt haben, uns zu suggerieren, das erledigen die Medien, die Illuminati und wer immer Macht und Einfluss über uns gewinnen will und kann.

Aber nicht mehr mit Ihnen und nicht mehr mit mir.

Ab heute leben wir nur noch in Liebe, Dankbarkeit, Freude, Friede, Gesundheit, Glück, Erfolg, Reichtum, Wohlstand, Überfluss, und das Paradies auf unserer Erde ist uns sicher.

Leben und Leben lassen ist unsere Devise.

Was hat das Ganze mit Ihrem Reichtum und Wohlstand zu tun? Wie bei allen Gedanken spielen Ihre allgemeinen Gedanken bei der Verbesserung Ihrer finanziellen Situation mit eine Rolle. Wenn Sie ein glückliches Leben führen wollen gehört auch der Rest Ihres Lebens mit dazu. Wir können nicht über viele Dinge negativ denken und dann erwarten, dass das Universum diese negativen Wünsche bei Ihrem Wohlstand unberücksichtigt lässt.

Unsere Gedanken müssen somit in allen Bereichen positiv eingestimmt sein.

Verbannen Sie Hass, Neid und alle sonstigen negativen Gedanken aus Ihrem Gedankenschatz und beginnen Sie ein ganz neues, glückliches Leben in Liebe und Dankbarkeit.

"Ist es Hokuspokus?
Ist es Zauberei?
Ist es Glaube?
Was immer Du glaubst, dass es
Dein Leben verbessert;
Hauptsache es passiert."

Manfred Bogenschütz

1.6   Das Gesetz der Resonanz

Alle Materie, ob Lebewesen, Metalle, Luft, Wasser oder Sonstiges, schwingen mit einer bestimmten Frequenz.

Das Gesetz der Resonanz besagt, wenn zwei Dinge mit der gleichen Frequenz schwingen, sich diese gegenseitig aufschaukeln, verstärken.

Durch eine solche Resonanz stürzte z.B. 1940 die Tacoma Narrows Bridge im US-Bundesstaat Washington kurz nach ihrer Eröffnung ein. Resonanz zwischen der Windgeschwindigkeit und der Eigenschwingung des Materials der Brücke. Im Internet können Sie viele Beiträge, Bilder und Filme darüber einsehen.

In der Elektrotechnik werden solche Resonanzen bewußt erzeugt und zur Verstärkung herangezogen.

Für unser Thema dieses Buches vergleiche ich diese Resonanz ebenfalls mit der Anziehung dessen was wir denkend aussenden. Wie beim Thema Aktion=Reaktion geraten durch die Resonanz unsere Gedanken mit jeder Materie die wir uns wünschen, weil sie mit gleicher Frequenz schwingt, in Resonanz. Das bedeutet, wenn wir die gleiche Gedankenfrequenz haben wie das was wir uns wünschen, dann treten die Resultate als Ursache unserer Gedanken verstärkt auf. Wir ziehen somit die Dinge magisch an, welche wir erreichen wollen, bewußt oder unbewußt. Materielle Dinge wie auch gleich denkende Menschen und alles was wir uns wünschen.

Heute bin ich auch davon überzeugt, dass Naturkatastrophen deshalb immer schlimmer werden, weil immer mehr Menschen das Schlimmste denken und weil sie durch die Medieneinflüsse und bisherigen Ereignisse immer negativer denken.

Ein Beispiel soll dies verdeutlichen. Wenn ich ständig an eine bestimmte Sache, z.B. ein schönes Haus denke, dann werde ich automatisch viel öfter auf Berichte im Fernsehen, Zeitungen und Zeitschriften über solche Dinge wie z.B. schöne Villen stoßen. Ich werde auch vermehrt Menschen treffen, welche diese oder ähnliche Dinge besitzen oder mir Tipps geben können. Nicht zuletzt werde ich vielleicht selbst diese Dinge besitzen oder wenn ich sie schon habe, wird sich die Situation vielleicht verbessern.

Dies ist natürlich mit allem Anderen genau so. Wenn ich mich Heute immer wieder über die Unordnung meines Partners im Badezimmer oder wo auch immer ärgere, dann werden sich diese Eigenschaften immer mehr verstärken.

Ich hoffe Sie verstehen was ich damit sagen will.

Um das Gesetz der Resonanz zu unseren Gunsten zu verwenden, lernen wir aus unseren früheren guten wie schlechten Tatsachen und denken uns das Ganze im positiven Sinne.

Wir stellen uns die Situation so vor wie wir sie gerne haben. Auf keinen Fall aber wie wir sie gerne nicht haben. „*Nicht*" kennt das Universum nicht.

Wenn Sie sich nun also Reichtum wünschen, dann denken Sie daran, wie es wäre und was Sie alles machen können, wenn sie sich alles leisten könnten was Sie sich wünschen, und nicht wie es denn wäre, wenn Sie keine Schulden mehr hätten.

Sie sehen, es kommt auf viele Kleinigkeiten an und vielleicht brauchen auch Sie mehrere Anläufe, bis sich Ihr Wohlstand so einstellt wie Sie es sich wünschen. Durch das Gesetz der Resonanz reicht aber ein gesundes, positives Denken aus, welches Sie mit täglicher Meditation über positives Denken problemlos erreichen können.

An dieser Stelle wollte ich nur darauf aufmerksam machen, dass es nicht ausreicht, sich Reichtum und Wohlstand zu wünschen, sondern es in allen Lebensbereichen wichtig ist, positiv zu denken und handeln.

„Denken Sie sich Ihren Reichtum, Wohlstand und Überfluß und ziehen Sie Dieses automatisch durch Resonanz an."

Manfred Bogenschütz

1.7   Liebe alle und alles

Wie wir bereits zum Teil in vorangegangenen Kapiteln erfahren haben, ist die Liebe für ein Leben im Paradies Erde die wichtigste Voraussetzung. Dabei meine ich nicht nur die Liebe zum persönlichen Lebenspartner oder einzelner Personen und keinesfalls ist Liebe dabei zu verwechseln mit Sexualität.

Was ist Liebe? Im Internet und in der Literatur finden Sie unzählige Beschreibungen über Liebe. Aber was ist Liebe wirklich? Ein Wort, eine Bezeichnung für mehr als Freundschaft? Es ist wirklich nicht so einfach, Liebe zu beschreiben. Jeder darf sich deshalb selbst, mit seinem freien Willen, das vorstellen, wo er mit Freude und Dankbarkeit aus tiefstem Herzen einem Anderen ehrlich gegenüber treten kann.

Diese Liebe, welche aus tiefstem Inneren kommt, sollten Sie jederzeit allen Menschen, Tieren, Pflanzen und was es sonst in Ihrem Leben gibt, schenken. Durch diese von Ihnen ausgesendete Liebe manifestiert sich alles was Sie sich wünschen überproportional schneller und leichter. Und vor allem, wenn Sie mit Liebe einen Wunsch erfüllt haben wollen, kann es sich nur um positive Wünsche handeln. Ich kann mir kaum vorstellen, dass jemand, der Liebe aussendet, gleichzeitig negative Wünsche ans Universum stellt.

Wen sollten wir nun aber definitiv lieben?

Bei uns selbst müssen wir anfangen. Denn wenn wir uns selbst nicht lieben, wie sollen wir dann andere lieben oder wie können wir verlangen, dass andere uns lieben, wenn wir es selbst nicht einmal tun. Nach uns kommt dann der Lebenspartner, weil dies wohl die Person ist, mit der wir am meisten Zeit gemeinsam verbringen. Unsere Kinder, wenn wir welche haben. Unsere Eltern und Geschwister, Verwandte und Bekannte. Unsere Tiere und Pflanzen. Bis hierher ist es wohl nichts Neues, diese Personen werden mehr oder weniger von den meisten Menschen geliebt oder zumindest liebevolle Beachtung geschenkt.

Was aber nun kommt, ist für die Erfüllung unserer Wünsche und Ziele ein sehr bedeutsamer Schritt. Lieben Sie was sie sonst nicht geliebt oder vielleicht sogar gehasst haben. Den verärgerten Nachbarn, den Ex-Partner, den Gerichtsvollzieher, der vielleicht gestern vor der Tür stand und den Sie nicht herein lassen wollten, den Menschen der Ihnen Ihrer Meinung nach Böses angetan hat, das schlechte Wetter, denn auch dies hat seine guten Seiten, der Stau im Verkehr, usw. Kurzerhand, alle und alles.

Sie fragen sich vielleicht, was das soll? Warum soll ich das lieben, was ich bisher gehasst und verachtet habe? Weil damit Ihre negativen Gedanken verschwinden und Sie frei für positive Gedanken sind. Und was sind Ihre Gedanken? Wünsche, die sich alle erfüllen sollen. Und Sie wollen doch künftig auch nur noch positive Wünsche und dass diese schnellstmöglich in Erfüllung gehen, z.B. Ihr Wohlstand.

Wenn Sie sich damit schwer tun, jemanden zu lieben, den Sie nicht so sehr gemocht haben, dann kann es Ihnen auch helfen, wenn Sie demjenigen verzeihen und vergeben und ihm Friede wünschen. Wenn Ihre Gedanken zu einem späteren Zeitpunkt wieder negativ auf diesen Menschen gerichtet sind, reicht es, ihm Friede zu senden. Es ist nicht erforderlich, immer wieder zu vergeben und zu verzeihen. Das Universum versteht es beim ersten Mal. Sagen Sie dann einfach *„Friede sei mit …".*

Das Wichtigste, womit Sie verschwenderisch umgehen sollten, ist die Liebe. Vielleicht sind Sie sehr konservativ eingestellt und kontern jetzt, ich liebe meinen Partner und er soll auch nur mich lieben. Jesus soll gesagt haben: *„Liebe Deinen Nächsten wie Dich selbst"* und *„Du sollst nicht begehren Deines Nächsten Weib".* Auch er hat zwischen Liebe und Sexualität unterschieden und wenn Sie ab heute an Liebe denken, sollten Sie dies nicht verwechseln.

Es liegt auch hier wieder ganz an Ihnen selbst, ob Sie Ihre Liebeseinstellung zum Positiven verändern oder nicht. Ich meine damit die uneingeschränkte, von Herzen kommende Liebe zu Allen und Allem.

Sie haben den freien Willen.

In meinem Buch „Glücklich Leben im Paradies Erde" können Sie noch mehr über das wichtigste Thema im Leben *„Die Liebe"* lesen.

„Liebe und Dankbarkeit ist der Schlüssel zu Glücklichsein."

Manfred Bogenschütz

1.8   Zusammenfassung des ersten Kapitels

In diesem ersten Kapitel wurden die Entstehung und die Hintergründe für dieses Buch erläutert. Der Autor hat sich mehrere Jahre mit dem Thema Partnerschaft, Liebe, der Macht unserer Gedanken, dem glücklichen Leben und dem Bestellen von Wünschen im Universum befasst und viele Erfahrungen durch die Umsetzung von seinen eigenen Gedanken in Wünsche ans Universum erlebt. Er hat auch mehrere Selbstheilungen erfolgreich durchgeführt. Viele Wünsche konnte sich der Autor durch Bestellung im Universum erfüllen. Damit auch Andere ihr Leben positiv verändern können hat der Autor seine Erfahrungen und den Weg in Bezug auf Verbesserung des Arbeitsumfeldes in diesem Buch geschrieben. So entstand dieses Buch in der Serie „Liebes Universum" als Erweiterung eines speziellen Themas des ersten Buches von Manfred Bogenschütz „Glücklich Leben im Paradies Erde".

Wie dieses Buch gelesen und im alltäglichen Gebrauch angewendet werden kann, wurde dargestellt. Dieses Buch kann als Nachschlagewerk immer wieder benutzt und kann zur Vertiefung des gelernten immer wieder auszugsweise gelesen werden. Eigene Erfahrungen des Autors werden im weiteren Verlauf des Buches dargestellt und für den Leser zur Nachahmung empfohlen.

Der Autor nennt Jesus Christus als seinen Lehrmeister. Jesus Christus sei unabhängig jeglicher Religion zu betrachten und dessen Worte und Lehren so zu beherzigen, dass Gott in uns wohne. Alle Sätze von Jesus Christus können so interpretiert werden, dass wir Menschen die Kraft Gottes in uns haben und wir uns unsere Wünsche als kleine Wunder selbst erfüllen können.

Dazu auch das Thema „*Die Macht der Gedanken*", welche uns Menschen zu riesigen Ereignissen bemächtigen. Unsere negativen Gedanken beeinflussen unsere negativen Ereignisse, unsere positiven Gedanken beeinflussen unsere positiven Ereignisse. Wir sollten es soweit bringen, dass wir nur noch positiv denken und handeln. Denn alles, was wir aussenden, kommt geballt und vielfach auf uns zurück. Dies ist vergleichbar mit dem Gesetz der Anziehung oder auch mit dem Gesetz von Aktion = Reaktion sowie der Resonanz, welche wir alle aus der Physik kennen.

Aktion = Reaktion zeigt auf, dass alles, was wir aussenden, auf uns zurückkommt. Sei es Hass, sei es Liebe. Sei es Reichtum oder Armut, Gesundheit oder Krankheit. Alles was wir säen, ernten wir auch, nicht mehr und nicht weniger.

Das Gesetz der Resonanz ist vergleichbar den Frequenzen in der Physik, im Leben die geballte Zusammenkunft gleicher Gedanken bzw. unserer Gedanken mit der Frequenz der Materie, welche wir uns wünschen. Diese Gedanken schwingen sich durch die gleiche Frequenz gegenseitig hoch und ziehen sich somit magisch an.

Die Liebe ist das Wichtigste in unserem Leben. Durch die Liebe senden wir automatisch positive Gedanken und somit positive Wünsche ins Universum. Liebe vernichtet Hass und damit werden alle negativen Wünsche in positive Wünsche verwandelt. Liebe soll dabei nicht mit Sexualität verwechselt werden. Liebet alle und alles. *„Liebe Deinen Nächsten wie Dich selbst"*, hatte Jesus Christus bereits vor 2000 Jahren gesagt. Also sollten wir bei uns selbst anfangen. Wenn wir uns selbst lieben, sind wir auch würdig, von Anderen geliebt zu werden, und es wird geschehen. *„Auch Deine Feinde sollst Du lieben"*, hatte Jesus Christus gesagt. Eine sehr wichtige Aussage, denn wenn Sie Ihre Feinde lieben, hassen Sie auch niemanden mehr und alles Glück der Erde steht Ihnen zur Verfügung.

Wie dies alles vor sich geht und wie die Gesetzmäßigkeiten im Allgemeinen funktionieren sowie der Vergleich dieser Gesetze mit unserem Leben, wurde in diesem Kapitel vorgestellt, und wird durch Erfahrungen des Autors untermauert.

"Wenn Du Morgen etwas Anderes willst als Heute musst Du Heute etwas Anderes tun als Gestern. Denken wir also Heute positive Gedanken für Morgen."

Manfred Bogenschütz.

2 Ganzheitlich glücklich Leben

Wie die Überschrift dieses Kapitels zeigt, beschäftigen wir uns mit diesem Buch nicht nur mit der Verbesserung unserer finanziellen Situation sondern für ein ganzheitlich glückliches Leben.

Ohne ein ganzheitlich glückliches Leben können wir nur bedingt glücklich sein. Geld allein macht nicht glücklich.

Wir verbringen sehr viel Zeit unseres Lebens am Arbeitsplatz und da wollen wir doch nicht schon am Montag den Freitagnachmittag suchen. Wie wir uns am Arbeitsplatz bzw. mit unserer Beschäftigung wohl fühlen und wir auch unsere Kollegen und Mitarbeiter motivieren können, diesem Thema wird ein eigenes Unterkapitel zugeordnet.

Aber zunächst gehen wir in diesem Kapitel auf unser Umfeld ein. Dabei spielt natürlich unsere Partnerschaft eine große Rolle, denn dies ist im Normalfall die Person, mit der wir die meiste Zeit unseres Lebens verbringen. Die Familie ist neben dem Partner die nächstliegende Gemeinschaft, welcher wir sehr viel Aufmerksamkeit und Liebe schenken.

Aber auch das gesamte weitere Umfeld, die Bekannten, Freunde, die Tierwelt, die Pflanzen und was sonst so alles um uns herum ist, ist ein wichtiger Bestandteil unseres Lebens.

Wenn wir uns mit unserem glücklichen Leben beschäftigen, gilt es, alle und alles zu lieben, zu akzeptieren, wie es ist, und dankbar für alle und alles, was uns umgibt, zu sein.

Würden Kriege, Morde und sonstige Gewalt auf unserer Erde herrschen, wenn wir alle nur noch mit Liebe und Dankbarkeit durchs Leben gingen? Sie werden vielleicht einwenden, aber ich kann doch nicht für alle die Verantwortung übernehmen. Das müssen Sie auch nicht. Beginnen Sie bei sich und die Welt wird sich um Sie herum ändern. Die Anderen sind für sich selbst verantwortlich.

Wenn Sie erst einmal nur noch positiv denken und handeln, dann ziehen Sie Gewalt auch nicht mehr an und Sie werden von Gewalt verschont. Lassen Sie auch Neid, Hass oder was Sie denken, was andere an Ihnen auszusetzen haben, nicht mehr an sich heran. Sie wissen ja, alles was sie Denken kommt geballt auf Sie zurück. Es geschieht nach Ihrem freien Willen.

Nun aber zum ersten Unterthema aus diesem Kapitel, der Partnerschaft…

Bild 1: Gedanken über gesundes Leben

„Denken Sie sich ganzheitlich glücklich und Reich!"

Manfred Bogenschütz

2.1   Die Partnerschaft

Die Partnerschaft zwischen Menschen ist die wohl engste Verbindung, welche Menschen durch ihren freien Willen eingehen. Partnerschaften können von sehr glücklich bis sehr unglücklich sein, was wünschen Sie sich? Es gibt natürlich viele Arten von Partnerschaften, aber beginnen wir mit der Partnerschaft als Lebensgemeinschaft. Auch hier gilt natürlich, die Menschen sind das, was wir von ihnen denken. Wenn Sie Probleme mit Ihrem Partner hatten oder er in verschiedenen Dingen nicht so war, wie Sie es gerne gehabt hätten, dann stellen Sie Ihr Denken um. Erfahren Sie dabei die Macht, welche in Ihren Gedanken steckt.

Im Verlauf der Zeit verändert sich die Verliebtheit in Gewohnheit, was für viele Menschen schon ein Problem darstellt. Am Anfang einer Liebesbeziehung sehen die meisten Menschen nur die schönen Seiten ihres Partners und die negativen Eigenschaften werden übersehen. Im Laufe der Zeit tauchen dann immer mehr kleine Fehler des Partners auf und bereits die kleinsten Fehler, welche der Partner angeblich hat, werden zu riesigen Fehlern, vor allem wenn diese sich häufen. Aber das ist völlig unnötig. Denn die Fehler sind nur Fehler in Ihrem Sinne. Wenn diese Fehler auch Fehler im Sinne Ihres Gegenübers wären, dann würden diese erst gar nicht gemacht werden. Wer macht schon gerne Fehler?

Was also spielt sich hier ab? Wir alle sind Individuen, d.h. jeder von uns ist einzigartig und anders als Andere. Was für den Einen richtig ist, ist für Andere vielleicht falsch. Was der Eine als unnötig ansieht, ist für den Anderen lebensnotwendig. Was ich liebe, hasst vielleicht ein anderer Mensch. Wir können es niemals jedem richtig machen, egal, was wir tun. Auch mit diesem Buch gibt es sicher viele Menschen, welche Ihr Leben sehr positiv verändern, Licht werden oder durch ihre positive Gedankenveränderung ab sofort nur noch glücklich leben. Andere wiederum werden über dieses Buch lachen, nichts mit der Materie anfangen können, nach bereits ein paar Seiten das Buch weglegen oder es erst gar nicht kaufen, weil sie nicht glauben, dass das, was ich hier schreibe und selbst erlebt habe, der Wirklichkeit entspricht und auch ihr Leben positiv verändern könne. Egal, was Sie tun oder wie Sie sich verhalten, Sie können es niemals Jedem recht machen.

Was können wir nun dazu beitragen, dass wir unseren Partner immer so lieben können, wie er ist? Ganz einfach, wir akzeptieren ihn genau so, wie er ist, mit all seinen angeblich negativen Seiten. Denken Sie stets an die für Sie positiven Seiten Ihres Partners und danken Sie dem Universum täglich für alles, was Ihnen an Ihrem Partner besonders gefällt. Sie können auch Ihre Wünsche, wie Sie Ihren Partner gerne hätten, so ins Universum stellen, als ob er bereits so wäre und dann davon loslassen und die Situation so akzeptieren, wie sie gerade ist. Sie werden staunen, was für eine Wirkung Sie damit erzielen. Probieren Sie es aus, es kostet Sie kein Geld, nur ein paar positive Gedanken. Viel Glück!

Warum wird oft aus Liebe Hass? Liebe und Hass liegen sehr nah beieinander. Liebe entsteht durch positive Gedanken, meist verbunden mit Dankbarkeit, Freude, Spaß, Lachen usw. Hass entsteht durch negative Gedanken, meist verbunden mit Neid, Leid, Undankbarkeit usw. Oft entsteht Hass aus vorausgegangener Liebe. Vielleicht wurden wir enttäuscht, aber haben wir nicht auch unseren Beitrag dazu geleistet?

Um ein glückliches Leben mit unserem Partner zu leben, müssen wir also immer an uns arbeiten, nicht am Partner. Unsere Gedanken sind entscheidend. Wenn wir immer so von unserem Partner denken, wie wir zu Beginn der Partnerschaft von unserem Partner gedacht haben, wird auch die Liebe zu unserem Partner immer so sein, wie sie zu Beginn war.

Die berufliche Partnerschaft ist zwar nicht so eng und intim wie die Lebensgemeinschaft, aber auch sie ist ein wichtiger Bestandteil unseres Lebens. Wenn wir in der beruflichen Partnerschaft nicht glücklich sind, dann zieht es oft finanzielle Verluste nach sich. Deshalb ist es auch hier wichtig, nur noch positive Gedanken zu haben. Wer denkt, dass er von seinem Partner übers Ohr gehauen wird, dem wird auch so geschehen. Wer denkt, dass sein Partner ehrlich und vertrauensvoll ist, der hat die besten Voraussetzungen, dass eine gute geschäftliche Beziehung herrscht. Achten Sie deshalb bereits bevor Sie eine berufliche Partnerschaft eingehen auf Ihr Bauchgefühl. Nur wenn absolut gegenseitiges Vertrauen vorliegt, sollten Sie eine solche Beziehung beginnen. Jegliche Zweifel müssen Sie ausschließen oder Sie von einer beruflichen Bindung abhalten.

Wenn Sie Single sind und mehr über die Bestellung eines neuen Partners im Universum erfahren möchten, empfehle ich Ihnen mein Buch aus dieser Serie *„Liebes Universum"* mit dem Titel *„Wie finde ich meinen passenden Lebenspartner"*.

Wenn Sie Ihre bestehende Beziehung verbessern wollen und mehr über die positive Veränderung erfahren möchten, empfehle ich Ihnen mein Buch aus dieser Serie *„Liebes Universum"* mit dem Titel *„Ich verbessere Jetzt und Heute meine Beziehung"*.

2.2   *Familie, Freunde und der Rest der Welt*

Die Familie, Kinder, Eltern und Geschwister gehören neben dem Lebenspartner zum engsten Kreis eines jeden von uns. Um auch hier Positives zu erfahren, müssen wir Positives aussenden, was ohnehin für alle und alles wichtig ist.

Unsere Kinder sollten wir ermutigen, dass das was sie machen gut ist, und wenn uns das eine oder andere nicht besonders gefällt, es möglichst zu akzeptieren, ohne zu fördern, als immer dagegen an zu gehen. Wir kennen es vielleicht aus unserer Kindheit. *„Das kannst Du nicht, das darfst Du nicht, Dies ist schlecht und Jenes macht Dich krank, usw."* So wurden wir von negativen Gedanken geprägt. Außerdem macht Kindern meist das, was man nicht darf, ohnehin mehr Spaß. Kinder sind mit guten Gedanken geboren und diese müssen wir als Erwachsene fördern. Halten Sie Ihre Kinder fern von negativen Einflüssen und Gedanken, aber ohne diese ständig auszusprechen. Je mehr der Mensch mit negativen Worten suggeriert wird, desto mehr wird sein Unterbewusstsein negativ geprägt. Lachen Sie mit Ihren Kindern und lernen Sie von der Ehrlichkeit und unvoreingenommenen Aktivitäten der Kinder. Sie können natürlich nur die Einflüsse im eigenen Zuhause positiv beeinflussen. Was lernen die Kinder im Kindergarten, in der Schule usw. als Erstes? Schimpfwörter und Gaunereien von den anderen Kindern. Akzeptieren und ignorieren Sie diese einfach und wünschen Sie sich in Gedanken Liebe, Friede und Dankbarkeit. Je weniger Sie dagegen rebellieren, desto schneller werden diese Schimpfwörter und Gaunereien langweilig und abgelegt.

Unsere Eltern sind durch die langjährigen negativen Einflüsse natürlich nicht mehr so einfach zum positiven Denken zu verändern, es sei denn, dass sie sich wie wir selbst mit dem Thema *„Glückliches Leben"* und *„Die Macht unserer Gedanken"* befassen. Am besten leben Sie ihnen dann einfach Ihr positives Leben beispielhaft vor, zeigen ihnen Ihre Erfolge, welche Sie ab heute erzielen. Zeigen Sie ihnen auch alle negativen Erfahrungen, welche Sie sicher in Ihrem Lernprozess machen werden und aus früheren Zeiten nachvollziehen können. Ich hoffe für Sie, dass es Ihnen gelingt, auch Ihre Eltern auf den richtigen, positiven Weg zu führen. Denken Sie auch hierbei stets positiv über die positive Entwicklung Ihrer Eltern, auch wenn es anfangs schwierig erscheint. Wir alle, auch Ihre Eltern, haben die Göttlichkeit in uns. Wir müssen sie nur wecken.

Dasselbe gilt für Ihre Geschwister, Verwandten, Bekannte und Freunde sowie den Rest der Welt. Leben Sie es ihnen vor. Seien Sie Vorbild.

Anfangs erklärt man Sie vielleicht für verrückt, wenn Sie zuviel von Gott und der Kraft der Gedanken erzählen. Was musste ich mir alles anhören. *„Lass mich in Ruhe mit Deinem Gott"* und *„Warum hilft er mir nicht, wenn…"* usw. Die meisten Menschen suchen Gott immer nur, wenn es ihnen schlecht geht und dann hilft er ihnen nicht. Ist doch klar. Wenn es ihnen schlecht geht ist dies mit deren schlechten Gedanken hervorgerufen worden und ganz nach Ihrem freien Willen als Wunsch in Erfüllung gegangen. Gott hat ihnen geholfen, aber nur so, wie sie es sich gewünscht haben. Fast jeder von uns hat all dies schon erlebt, meist unbewusst. Ich möchte Sie dazu ermutigen, Ihr bisheriges Leben mit den Erkenntnissen aus diesem Buch nachzuvollziehen. Vielleicht können Sie in ein paar Tagen, Monaten oder schon jetzt erkennen, was Sie sich durch Ihre Gedanken alles Positives und Negatives angetan haben. Ich kann vieles heute nachvollziehen und deshalb schreibe ich Bücher über meine Erfahrungen, da ich dadurch vielen Menschen helfen kann, auch Ihr Leben durch positives Denken zu verbessern. Möge es Ihnen auf Ihrem Weg zu einem glücklichen Leben helfen.

Lassen Sie sich nicht von negativen Gedanken und Einflüssen anderer Menschen entmutigen. Sie haben Ihre Gedanken und handeln nach Ihrem freien Willen und sind einzig und allein für sich selbst verantwortlich. Die Anderen sind für sich verantwortlich.

Schenken Sie sich selbst und allen Menschen dieser Erde, ob Partner, Verwandte, Freunde, Bekannte, sowie allen, die Sie nicht kennen, und vor allem Ihren Feinden Liebe, Dankbarkeit und Freude.

„Schenken Sie allen Menschen ein lächeln und Ihnen ist ein lächelndes Entgegenkommen gewiss."

Manfred Bogenschütz

2.3 Tiere und Pflanzen

Wer Tiere und Pflanzen nicht mag, mag sich selbst nicht. Das muß ich immer wieder denken, wenn ich auf Menschen treffe, welche Tiere und Pflanzen nicht mögen, sie Tiere verjagen, welche ihr Grundstück betreten, sie schlagen oder gar aus Spaß ermorden.

Tiere und Pflanzen sind Lebewesen wie wir Menschen auch. Und auch hier gilt, was wir aussenden, kommt auf uns zurück. Wenn wir also Tieren unsere Liebe schenken, erfüllen sich unsere positiven Wünsche leichter und schneller.

Dasselbe gilt für Pflanzen. Starten Sie einmal folgenden Test. Nehmen Sie zwei völlig gleiche Pflanzen, dann nehmen Sie zwei Wassergefäße und befüllen diese mit Wasser. Dann schreiben Sie auf einen der Behälter *„Liebe und Gesundheit"* und auf den anderen Behälter *„Hass und Krankheit"*. Lassen Sie beide Behälter mit dem befüllten Wasser einen Tag stehen. Am nächsten Tag gießen Sie mit einem Wasserbehälter die eine Pflanze und mit dem anderen Behälter die andere Pflanze. Das ganze wiederholen Sie mehrere Tage, bis Sie eine Veränderung der Pflanzen feststellen. Verwechseln Sie dabei die Wassergefäße nicht. Sie werden erstaunt sein, wie sich die Pflanzen, welche mit dem Wasser aus dem Behälter mit der Aufschrift *„Liebe und Gesundheit"* positiver verändern als die Pflanzen, welche aus dem Behälter mit der Aufschrift *„Hass und Krankheit"* begossen wurden. Testen Sie es! Der Versuch kostet Sie nichts, außer einer traurigen Pflanze. Diese können Sie ja anschließend wieder mit dem *„liebevollen Wasser"* aufmuntern.

Vielleicht haben Sie bereits ähnliche Erfahrungen mit Pflanzen gemacht, indem sich Pflanzen, denen Sie mit viel Liebe begegnet sind oder gar mit Ihnen gesprochen haben, prächtig entwickelt haben.

Im Handel erhältlich sind sogar Musik-CD's, welche ausschließlich für Pflanzen und Tiere erstellt wurden. Ich habe eine solche CD. Im Internet finden Sie sicher eine, wenn Sie sich dafür interessieren.

Nun wieder zu den Tieren. Viele Menschen haben ein Haustier. Vielleicht haben auch Sie welche. Wir besitzen einen Hund, drei Katzen und mehrere hundert Fische im Aquarium und im Gartenteich. Täglich können wir uns an den Tieren erfreuen und auch sie schenken uns viel Liebe, Freude und Dankbarkeit.

Was aber ist mit den Tieren, welche zum Verzehr gezüchtet und geschlachtet werden. Diesbezüglich gibt es viele unterschiedliche Meinungen. Selbst unter den Vegetariern unter uns teilen sich die Meinungen. Die einen essen kein Wild, die anderen kein Schwein, wiederum Andere essen zwar kein Fleisch, aber dafür Fisch.

Ich bin kein Vegetarier. Für mich sind Tiere und Pflanzen gleichermaßen Lebewesen und somit dürfte ich gar nichts essen. Von Natur aus aber muss jeder Mensch, jedes Tier und jede Pflanze Nahrung zu sich nehmen. In der Natur jagen sich die Tiere und fressen andere Tiere und Pflanzen.

Früher waren die Menschen Jäger und Sammler, heute züchten wir die Tiere zu Nahrungszwecken, wo liegt der Unterschied. Natürlich tun mir die Tiere und Pflanzen leid, aber auch ich unterliege den Naturgesetzen und somit ernähre ich mich von dem, was mir schmeckt. Von Tieren, welche nicht artgerecht gehalten oder qualvoll getötet werden und vom Aussterben bedrohten Tieren und Pflanzen nehme ich allerdings Abstand.

Ich akzeptiere auch alle andersdenkenden Menschen, welche aus welchen Gründen auch immer, religiöser oder ethischer Gründe zum Beispiel, ihre Interessen vertreten. Leider kann man es ohnehin nicht Jedem recht machen.

Jesus hat bei der Bergpredigt gesagt: *„Sehet die Lilien…"*. Wir sollten uns an der Pracht der Pflanzen und Tiere erfreuen. Die Natur gibt uns außerdem für alle technischen Fragen Antworten. Die Natur weiß am besten, wie alles funktioniert. Hubschrauber wurden nach den Erkenntnissen aus der Hummel entwickelt. Architekten nehmen sich oft Beispiele an den Pflanzen, weshalb wir immer wieder Bauwerke entdecken, welche wir kaum für möglich halten. Diese sind meist statisch berechnet, wie die Pflanzen sich verhalten.

Wir können von der Natur noch vieles lernen und tun dies auch in der Weiterentwicklung, sowohl menschlich als auch technisch. Wir sollten aber auch dafür sorgen, dass unserer Umwelt so wenig wie möglich Schaden zugefügt wird. Ich hoffe, dass wir Menschen auch diesbezüglich aufwachen und unsere Umwelt schonender behandeln.

Auch ich fahre mit dem Auto, jedoch versuche ich sparsam mit Abgasen umzugehen indem ich eine ruhige Fahrweise habe, ein Fahrzeug mit wenig Benzinverbrauch fahre und möglichst meine Fahrten sinnvoll plane.

Unsere Tiere und Pflanzen sind es wert, geschont, gepflegt, geliebt und geachtet zu werden.

Alles, was wir dazu beitragen, kommt auch hier geballt in Form von Aktion = Reaktion auf uns zurück.

2.4   Sport und Freizeit

Sport und Freizeit sind für ein glückliches Leben Faktoren, die zum Ausgleich der täglichen Pflichten für jeden Menschen wichtig sind. Jeder von uns hat seine eigenen Vorstellungen von Sport und Freizeit. Es ist auch gut so, dass jeder Mensch ein Individuum ist und Jeder andere Interessen und Neigungen hat und diese sich auch immer wieder verändern und anpassen. Man stelle sich nur vor, was passieren würde, wenn alle Menschen zum gleichen Zeitpunkt die gleichen Reiseziele und Sehenswürdigkeiten besuchen wollten. Oder wenn alle zur gleichen Zeit in dasselbe Fitness-Studio oder im selben Verein trainieren wollten. Unvorstellbares Chaos wäre die Folge. Überfüllung da, leere Veranstaltungen an anderer Stelle. Es ist schon gut verteilt, wie es ist.

Warum dieser Vorspann? Weil ich sicher andere Interessen, Wünsche, Ziele und Neigungen habe als Sie. Was ich gerne mache, spielt deshalb keine Rolle. Wichtig ist nur, dass wir unsere Interessen in Bezug auf Sport und Freizeit pflegen und möglichst in unsere private Zeitplanung fest integrieren.

Warum fest integrieren? Weil wir uns sonst immer wieder durch unsere Alltagspflichten davon abbringen lassen und dies unserem Wohlbefinden schadet.

Ich spreche da von meinen Erfahrungen, aber Sie können mir sicher mit Ihren Erfahrungen zustimmen.

Wenn ich zum Beispiel meine täglichen Übungsminuten, welche ich mit Meditation, Thai Chi, Qi Gong, Yoga usw. durchführen will, nicht planmäßig unterbringe, dann geraten sie stetig mehr und mehr zu vernachlässigen. Genauso ist es mit Tanzen, Badminton spielen, Thermalbad- und Saunabesuchen, alles was ich gerne in meiner Freizeit mache.

Die Pflicht ruft. Aber das Leben darf nicht zu einer einzigen Pflicht werden. Wir benötigen den Ausgleich, Entspannung vom Alltag. Nur dann sind wir ausgeglichen, haben Freude am Leben und können unser glückliches Leben genießen.

Machen Sie das, was Ihnen Spaß macht, aber machen Sie es Heute, immer wieder Heute, Morgen kommt nie.

Bewegen Sie sich, tun Sie sich täglich etwas Gutes. Und wenn Sie mit Meditation und Entspannung noch nicht viel zu tun haben, empfehle ich Ihnen auch hier ein wenig aktiv zu werden.

Sie können zur Meditation und Entspannung auch eine meiner Entspannungs-CD's einsetzen, welche ich im Anhang dieses Buches kurz vorstelle. In jedem Fall aber sollten Sie, wenn Sie sich neu mit dem Thema *„Die Macht unserer Gedanken"* befassen, worüber ich hier vieles schreibe, täglich mit Ihren Gedanken befassen, damit Sie künftig nur noch positiv denken. Mehr als 30 eigene Erfahrungen von mir, wie ich mein Leben positiv verändert habe, sind in meinem Buch „Glücklich Leben im Paradies Erde" ausführlich beschrieben. Sie werden, wenn dieses Thema neu für Sie ist, am Anfang erst einmal erschrecken, wie viele negative Gedanken uns den ganzen Tag über begleiten. Aber diese verschwinden zunehmend, wenn Sie sich täglich für Ihr positives Denken bemühen.

Nutzen Sie möglichst viel Zeit, um die Natur zu genießen. Der Mensch befindet sich viel zu viel in Gebäuden. Am Arbeitsplatz, in der Wohnung, in Veranstaltungsräumen und Gaststätten. Nutzen Sie die Kraft der Sonne und des natürlichen Lichtes. Tanken Sie Ihren Energiespeicher durch die Atmung frischer Luft in unserer Mutter Natur. Das stärkt Ihr Immunsystem und schenkt Ihnen Freiheit und Gesundheit.

So, nun wünsche ich Ihnen bei Ihrer Freizeit und bei Ihren sportlichen Aktivitäten viel Freude. Legen Sie das Buch doch einfach mal zur Seite und bewegen Sie sich. Vielleicht auch nur ein paar Streckübungen oder mit langsamen, kontrollierten Bewegungen nach Thai Chi, Yoga oder Ähnlichem, um Ihre Energie und Konzentration zu stärken. Meditieren Sie doch ein wenig über das bisher Gelesene. Das Buch läuft Ihnen nicht davon.

„Gönnen Sie sich eine Pause, vielleicht mit Meditation und Bewegungsübungen. Das hält Sie fit und für Ihren Erfolg sollten Sie fit bleiben."

Manfred Bogenschütz

2.5   *Die Arbeit muß Spaß machen*

Nun gehen wir mit Spaß und Freude an die Arbeit.

Ich selbst habe bisher ein abwechslungsreiches, interessantes Arbeitsleben hinter mir. Ich war in verschiedenen Branchen selbstständig, war aber auch viele Jahre im Angestelltenverhältnis tätig. Ich lernte in diesen etwa nun 25 Arbeitsjahren viele Menschen kennen, die bereits am Montagmorgen den Freitag Feierabend gesucht haben, weil sie mit ihrem Job unzufrieden sind. Ich habe aber auch hoch motivierte Mitarbeiter angetroffen.

Ich selbst kann einen Job, welcher mir keinen Spaß macht, über eine längere Zeit nicht täglich ausüben. Entweder ich arbeite mit Freude oder ich wechsle meinen Arbeitsplatz. Dasselbe natürlich auch bei Selbstständigkeit. Wenn mir die Tätigkeit keinen Spaß mehr macht, muss ich mich verändern. Und das ist gut so. Wenn wir uns dem widmen, was uns Freude bereitet und uns glücklich macht, leisten wir überproportional viel mehr.

Wenn Sie eine unselbstständige Tätigkeit ausüben, sorgen Sie dafür, dass es Ihnen an Ihrem Arbeitsplatz gefällt. Reden Sie mit Ihren Vorgesetzten, ich hoffe diese sind Führungskräfte, über Ihre Wünsche und persönlichen sowie beruflichen Ziele. Jedes Unternehmen hat ebenfalls Ziele und jede Führungskraft wird bei sachlicher Unterredung ebenfalls ein gemeinsames Ziel anstreben. Führungskräfte wissen, dass der Mensch die wichtigste Ressource ihres Unternehmens ist.

Der Unterschied zwischen Vorgesetzten und Führungskräfte ist folgendermaßen. Vorgesetzte wurden vorgesetzt, haben zu wenig Erfahrung und Ausbildung, als dass sie mit Menschen umgehen können. Oft haben sie Angst davor, dass ihre Mitarbeiter sie in ihrer Karrierelaufbahn überholen könnten und halten deshalb ihre Mitarbeiter möglichst an der kurzen Leine. Führungskräfte können mit Menschen umgehen, motivieren und fördern ihre Mitarbeiter. Sie sind sogar bereit, ihre Mitarbeiter in der Karriere weiter zu bringen als sich selbst, also jeden so zu fördern, wie sich Möglichkeiten bieten. Eine solche Führungskraft wird auch nie ihren Arbeitsplatz fürchten müssen, denn wenn aus dieser Führungsebene gute Mitarbeiter aufgezogen werden, ist auch die ganze Linie produktiver.

Leider gibt es in unserer Wirtschaft mehr Vorgesetzte als Führungskräfte. Deshalb habe auch ich meinen Job als Ingenieur aufgegeben, weil ich mit den Vorgesetzten nicht mehr klar gekommen bin. Ich habe mein letztes Unternehmen verlassen, weil sich das Betriebsklima in den letzten Jahren von sehr gut bis sehr schlecht gewandelt hat. Wir hatten auch fast ausschließlich Vorgesetzte. In den beiden letzten Jahren, bevor ich das Unternehmen verließ, war die Krankenquote der Mitarbeiter enorm gestiegen und die Fluktuation lag bei mindestens 25 Prozent.

Ich möchte viel lieber mit Menschen, welche Herz und Verstand haben, zusammenarbeiten und dies kann ich bei meiner Arbeit als Spezialist für glücklich Leben und Arbeiten tun. Zu meinen Veranstaltungen kommen kaum Vorgesetzte, denn diese sind so von sich überzeugt, dass sie keine Zusammenarbeit mit mir benötigen. Zu mir kommen Privatpersonen mit liebevollem Herz sowie Führungskräfte und Unternehmer, welche Ihr Unternehmen menschlich weiterbringen möchten und das ist einfach toll.

Was aber tun, wenn keine gemeinsamen Ziele gefunden werden? Dann sind Sie fehl am Platz. Machen Sie sich Gedanken, ob Sie ab heute mit Freude Ihre Arbeit angehen können oder ob Sie die Stelle wechseln. Wenn Sie den Job behalten, dann stellen Sie Ihren Wunsch, wie Sie die Stelle gerne weiterführen wollen, ins Universum, lassen dann von allem los und akzeptieren die Situation uneingeschränkt so, wie sie aktuell ist.

Bevor Sie Ihre Stelle wechseln, müssen Sie sich über Ihre Interessen und beruflichen Ziele Gedanken machen. Was wollen Sie wirklich? Am besten ist es, wenn Sie Ihr Hobby zum Beruf machen können. Was für Möglichkeiten bieten Ihnen Ihre Hobbies? Was Sie in Ihrer Freizeit gerne machen, machen Sie auch beruflich gerne.

Wenn Sie selbstständig sind, ist es wichtig, dass Ihr Unternehmen Gewinne erzielt. Ich kenne viele Betriebe, welche Aufträge weit unter Kostendeckung annehmen, nur damit sie Arbeit haben. Hören Sie damit auf. Spezialisieren Sie sich mit einem Thema, was Ihnen Gewinn bringt und vor allem Ihnen Freude bereitet. Sie werden für das bezahlt, was Sie Wert sind.

Ich habe mein Hobby zum Beruf gemacht und fahre sehr gut damit.

Wer mit Freude arbeitet, ist glücklicher, effektiver, gesünder und zufriedener. Dies wirkt sich nicht nur am Arbeitsplatz, sondern in allen Lebenslagen aus. Wer im Berufsleben zufrieden ist, der ist auch sonst freier, glücklicher und zufriedener.

Ich wünsche auch Ihnen alles Gute bei der Umsetzung Ihrer beruflichen Ziele.

In meinem Buch aus dieser Buchreihe „Meine Arbeit soll Spaß machen" gehen wir tiefer auf dieses Thema ein.

2.6   Lerne täglich dazu

Wenn wir an Reinkarnation glauben, haben wir uns dieses Leben ausgesucht, um auf unserem Weg im unsterblichen ewigen Leben etwas dazu zu lernen. So ist das Leben. Wir kommen und gehen und dazwischen lernen wir auf unserem irdischen Leben.

Wir lernen jeden Tag etwas Neues hinzu. Vieles durch Erfahrungen, also durch unbewusstes Lernen. Durch das bewusste Lernen, was ich unter Seminaren, Sachbüchern, Informationssendungen, Vorträgen usw. verstehe, lernen wir effektiver und mit weniger Fehlern, als wenn wir nur abwarten, was wohl Morgen geschieht.

Wenn ich an meine Kindheit zurückdenke, da war ich zu faul zum Lesen. Ich habe das Lesen und die ständige Weiterbildung erst im Alter von etwa 28 Jahren entdeckt. Meine Schulausbildungen habe ich ohne Lernen mit sehr guten Abschlüssen absolviert. Nach meiner Scheidung im Jahr 1991 habe ich begonnen, Bücher über Partnerschaft und Liebe zu lesen. Während meines Studiums, welches ich als Umschulung erst mit 30 Jahren begann, habe ich viele Zusatzausbildungen besucht. Ich begann aufzuwachen und seither besuche ich immer wieder Seminare, Vorträge, und vor allem lese ich viele Bücher. So kam ich dann auch auf den spirituellen Weg. Ob „Glaube", „Feng Shui", „Meditation", mich begeistern immer mehr die Themen über ein glückliches Leben.

Beruflich habe ich so viele hochwertige Zusatzqualifikationen, dass ich, wenn ich mich für irgendeine Stelle beworben hatte, als überqualifiziert abgestempelt wurde. Aber das ist für mich völlig in Ordnung. Vielleicht verbergen sich da Vorgesetzte, welche Angst um ihren Stuhl haben. Heute freue ich mich über die Unternehmen, welche meine Dienstleistungen schätzen, mich weiterempfehlen und denen ich helfen kann, ihre Mitarbeiter zu glücklichen Menschen zu machen, welche sich an ihrem Unternehmen erfreuen und somit Effektivität ins Unternehmen bringen. Ganz besonders freut es mich, dass meine Leser zum Großteil begeistert sind von dem was ich schreibe und ich diese Menschen glücklich machen kann.

Lassen Sie sich also nicht davon abbringen, sich immer weiter zu bilden und weiter zu entwickeln. Dies ist Ihr Leben.

Kennen Sie ein Buch über schnelles Lesen? Wenn nicht, kann ich Ihnen nur wärmstens empfehlen, nach diesem Buch ein solches Buch zu lesen. Ich war, weil ich ja in jungen Jahren zu faul war, ein sehr schlechter Leser. Ich musste die Texte mehrmals wiederholen, bis ich sie verstanden hatte, und wenn ich in einem Seminar etwas lesen musste, waren alle Seminarteilnehmer fertig, wenn ich gerade mal die Hälfte des Textes gelesen hatte. Heute ist dies anders. Ich habe meine Lesegeschwindigkeit vervielfacht. Ein Seminar diesbezüglich habe ich nicht besucht, obwohl ich dies vielleicht irgendwann einmal nachholen werde. Dies war mir bisher zu teuer. Ich habe Bücher über *„Speed Reading"* und *„Photo Reading"* gelesen und die Übungen für mich und in meiner persönlichen Lerngeschwindigkeit nachvollzogen. Heute kann ich ein Buch an einem Tag lesen, wo ich früher Wochen oder Monate benötigte. Im Buchhandel oder im Internet finden Sie viele Bücher über schnelles Lesen, das Buch von Tony Buzan, *Speed Reading – Schneller lesen – mehr verstehen – besser behalten"* möchte ich Ihnen empfehlen. Es gibt aber sicher viele andere gute Bücher und Seminare auf diesem Gebiet. Es lohnt sich in jedem Fall.

Oder schreiben Sie doch auch ein Buch über Ihre Erfahrungen. Wenn man ein solches Buch schreibt, vertieft sich das bisher Gelernte.

Dann empfehle ich Ihnen zusätzlich das Zehn-Finger-System für die Tastatur Ihres Computers bzw. einen Schreibmaschinenkurs zu absolvieren.

Ich habe das Zehn–Finger-System anhand der Begleitbücher eines Kurses, welchen einer meiner Brüder besucht hatte, in eigener Initiative allein gelernt. Wenn ich zusehe, wie sich manche Menschen, welche den ganzen Tag beruflich am Computer sitzen, mit zwei Fingern beim Schreiben abmühen, kann ich nur den Kopf schütteln. Eine Woche lernen und das ganze Schreiben macht viel mehr Spaß und vor allem, man braucht nicht einmal mehr auf die Tastatur oder den Bildschirm zu schauen. Ich habe den Kurs schon vielen Menschen empfohlen, leider sind die Meisten davon zu faul zum Lesen und Lernen. Mit dem Zwei-Finger-Such-System würde ich sicher dieses Buch auch nicht schreiben wollen.

Fazit: Wenn Sie viel lesen und schreiben wollen, ist es wichtig, schnelles Lesen und Schreiben zu erlernen. Der dafür eingesetzte Zeitaufwand ist in kurzer Zeit wieder amortisiert.

Bei mir stapeln sich keine Zeitungen und Zeitschriften mehr, obwohl ich alles anschaue, was mir auf den Tisch fällt. Durch schnelles Lesen lernen Sie auch das Überfliegen von Texten jeglicher Art, denn Ihr Unterbewusstsein entdeckt die für Sie wichtigen Informationen durch das Gesetzt der Resonanz bzw. der Anziehung. Wenn Sie nicht gerne lesen, dann versäumen Sie eventuell irgendwelche Artikel in Zeitungen und Zeitschriften, welche Sie Ihren Zielen näher bringt, nur weil sich bei Ihnen diese Papiere stapeln und sie irgendwann ungelesen in den Papierkorb fliegen.

2.7 Liebe Dich selbst

„Liebe Deinen Nächsten wie dich selbst." Was sagt dieser Satz von Jesus Christus? Bevor Sie jemand anderen lieben können, müssen Sie sich selbst lieben.

Erschreckend, wie viele Menschen sich selbst nicht lieben und sich auch im Spiegel, auf Bildern usw. nicht gerne sehen und mögen. Sollten auch Sie noch zu den Menschen gehören, die sich selbst nicht lieben, frage ich Sie, warum sollten Sie von Anderen geliebt werden? Muten Sie Anderen zu, dass Sie jemanden so nicht liebenswürdigen Menschen, wie Sie es selbst von sich meinen, lieben sollen? Sehen Sie, was ich meine?

Sich selbst zu lieben, sich so zu akzeptieren wie wir sind, mit allen Ecken und Kanten, mit unseren kleinen Fehlern und Rundungen oder unseren Gebrechen, unseren Krankheiten usw., die wir angeblich haben ist ein wichtiger Schritt für unser glückliches Leben.

Sie sind einzigartig, ich bin einzigartig und jeder Mensch ist einzigartig. Wir alle haben den freien Willen, ob wir abgelehnt und gehasst oder akzeptiert und geliebt werden. Es liegt einzig und allein an uns selbst. Im Kapitel Aktion = Reaktion habe ich beschrieben, dass alles, was wir aussenden, auf uns zurückkommt, alles. Wir ziehen es magisch an. Wenn wir uns selbst lieben, ist dies bereits die erste und wichtigste Liebe, die wir aussenden.

Lächeln Sie dem Menschen im Spiegel täglich mit Freude zu und Sie werden feststellen, dass auch er Ihnen ein Lächeln zurück sendet.

Ihre nach Ihren Vorstellungen kleinen oder großen Fehler an Ihnen müssen Sie lernen zu lieben, zu akzeptieren. Dazu können Sie sich nackt vor einen Spiegel stellen und sich Ihren Körper anschauen. Machen Sie sich selbst Komplimente. Sind Sie auf jeden Fall aber mindestens mit sich selbst zufrieden, dass Sie so, wie Sie sind, geschaffen wurden. Anfangs braucht dies vielleicht Überwindung, beim Einen mehr, beim Anderen weniger, aber wenn Sie dies öfter machen, wird es zur Routine und Sie werden feststellen, dass Sie ein größeres Selbstvertrauen und eine viel mächtigere Ausstrahlung Ihren Mitmenschen gegenüber vermitteln. Sie werden feststellen, dass Menschen Ihnen Komplimente machen, ohne dass Sie auch nur sonst eine äußerliche Veränderung an sich vorgenommen haben.

Ich muss gestehen, ich mochte mich früher auch auf Bildern nicht gerne sehen. Mich haben auch dies und jenes an mir gestört. Als ich dann etwa 1992 begann, eben solche Übungen mit mir selbst zu machen, konnte ich Erstaunliches wahrnehmen. Auch mir fiel es sehr schwer, solche Übungen zu praktizieren. Nackt vor dem Spiegel zu stehen und einen Körper für schön zu befinden, an dem ich zuvor so vieles auszusetzen hatte. Aber ich habe es durchgezogen und werde es nie bereuen. Ich wurde plötzlich viel jünger geschätzt als zuvor, ich spüre, dass mich die Menschen viel mehr mögen als zuvor.

Ich muss zugeben, dass ich bis 1991 schwer gearbeitet hatte, um meine Familie zu ernähren und weil ich mir viel vorgenommen hatte. Zu jener Zeit hatte ich eine kleine Kneipe, ohne Ruhetag von montags bis sonntags 15 Stunden am Tag. Klar hatte ich auch nebenberufliche Mitarbeiter, aber trotz allem bleibt das Meiste an einem selbst hängen. Ich wurde schon mit 25 Jahren auf 35 Jahre geschätzt. Meine Scheidung 1991 hat mich finanziell 20 Jahre zurückgeworfen und dadurch habe ich mein Leben ab 1991 schon drastisch verändert. Ich begann zu leben, nicht nur zu arbeiten.

Ich möchte Sie einfach dazu inspirieren: *„Lieben Sie sich selbst so, wie Sie von anderen geliebt werden möchten."*

Es schadet Niemandem und kann Ihnen nur helfen, mehr Selbstbewusstsein zu erlangen und von Anderen so geliebt zu werden, wie Sie es sich wünschen und wie Sie es auch verdient haben.

Die Liebe ist das Wichtigste in unserem Leben und das Wichtigste auf dem Weg zur inneren Göttlichkeit. Fangen auch Sie direkt und heute an, sich selbst zu lieben. Fassen Sie all Ihren Mut zusammen, denn es ist einfacher als man denkt, wenn erst einmal die ersten Hürden genommen sind. Es lohnt sich für Sie. Ich wünsche Ihnen viel Spaß und Erfolg bei der Suche nach Ihrer inneren Liebe und Göttlichkeit. Jedem steht der Weg durch seinen freien Willen offen.

" Lieben Sie sich selbst so, wie Sie von anderen geliebt werden möchten."

Manfred Bogenschütz

Bild 2:   Sich selbst und sein Leben lieben und genießen

"Schau in den Spiegel um den Haken zu finden, der Dich vom Glücklichsein abhält.

Akzeptiere und liebe die Person im Spiegel so wie sie ist oder verändere sie so wie Du sie gerne akzeptieren und lieben möchtest.

Was Du nicht verändern kannst das gefällt vielleicht jemand Anderen, lass es deshalb so wie es ist und freue Dich darüber.

Du kannst es ohnehin nicht jedem Recht machen."

Manfred Bogenschütz

2.8   *Zusammenfassung des zweiten Kapitels*

In diesem Kapitel haben wir vieles über unser Umfeld gelernt. Sowohl in unserer Freizeit als auch bei unserer Arbeit ist es wichtig, dass wir alles, was wir gerne unternehmen, fördern, und alles, was wir ungern unternehmen, entweder aus unserem Leben verbannen oder so akzeptieren, wie es ist. Jegliche Verweigerung und Ablehnung bringt uns Unzufriedenheit und versperrt uns damit den Weg in ein glückliches Leben.

Die Partnerschaft, privat wie geschäftlich, wurde nach uns selbst an zweiter Stelle genannt, weil diese die wohl intimste Freundschaft darstellt und mit der wir die meiste Zeit unseres Lebens verbringen.

Die Familie, Freunde und der Rest der Welt stellen nach der Partnerschaft unsere Nächsten dar. *„Liebe Deinen Nächsten wie dich selbst"*, hatte Jesus gesagt, und wir sollten daher alle und alles lieben. Angefangen bei uns selbst bis zu den Menschen, Tieren und Pflanzen, denen wir bisher wenig Zuneigung entgegen brachten oder gar gehasst hatten.

Wie wichtig Sport für unser Wohlbefinden ist, erkennen wir oft erst, wenn wir den Sport als solches vernachlässigen. Wir sollten daher den Sport in unser tägliches Programm einbinden und terminlich fest integrieren. Dabei spielt es keine Rolle, welche Art von Sport wir ausüben. Wir sollten den Sport und die Freizeitbeschäftigungen ausüben, welche uns am meisten Spaß bereiten. Auch Entspannungstechniken sind für unser Wohlbefinden sehr nützlich.

Dass wir mit Freude an unsere beruflichen Arbeiten herantreten sollten, versteht sich schon daher, dass wir einen großen Teil unseres Lebens zwischen 20 und 65 Jahren mit unserer Arbeit verbringen. Wer möchte schon die meiste Zeit seines Lebens unglücklich verbringen. Machen Sie Ihr Hobby zum Beruf oder Ihren Beruf zu Ihrem Hobby.

Das Lernen, Lesen und die Bildung ist unsere Lebensaufgabe. Wer viel lesen möchte, um sich auf dieser Welt etwas Gutes zu tun, der sollte lernen zu lesen. Dabei werden Lesetechniken zur Vervielfachung unserer Lesegeschwindigkeit empfohlen. Lesen ist nicht gleich Lesen.

Dasselbe gilt für das Schreiben am PC oder der Schreibmaschine. Wer täglich viel zu schreiben hat oder gar ein Buch schreiben möchte, der sollte sich nicht mit dem Zwei-Finger-System begnügen. Ein kleiner Kurs von nur wenigen Tagen amortisiert sich in kürzester Zeit.

Im nächsten Kapitel werden wir erfahren, dass manche lebensnotwendige Dinge nicht nur für den Erhalt unseres irdischen Lebens notwendig sind, sondern bei guter Pflege uns viel schneller und besser in ein glückliches Leben führen können.

" Liebe was Du tust und tu was Du liebst.

Erfülle Dir Deine Wünsche indem Du ein ganzheitlich harmonisches Leben in allen Lebensbereichen führst.

Dein Leben kann nur so glücklich sein wie jeder einzelne Baustein bzw. Lebensbereich, den Du Dir selbst gestaltest.

Unternehme deshalb alles, was Dir am Leben Spaß macht und Du wirst Reich belohnt."

Manfred Bogenschütz

3 Leben in Harmonie

Wie Jesus Christus bereits vor 2000 Jahren sagte: *„Der Mensch lebt nicht von Brot allein. "*

Um ein glückliches, gesundes Leben zu führen gehören all diese lebensnotwendigen Dinge in unserem Leben gleichermaßen dazu.

Unser Körper benötigt Wasser, Nahrungsmittel, Vitamine und vieles mehr. Vieles davon bekommt der Körper von uns automatisch, weil wir Hunger und Durst danach haben. Meist reicht es aber unserem Körper nicht aus, weil wir oft zu wenig davon zu uns nehmen. Wenn wir erst einmal Dürsten oder Hungern, ist dies bereits ein Zeichen von Mangel, ein Hilferuf unseres Körpers. Wir sollten diese Dinge zu uns nehmen, bevor wir diese Hilferufe von unserem Körper bekommen. Die meisten Menschen wissen, dass sie mindestens zwei Liter Wasser am Tag trinken sollen, aber tun sie es auch? Die wenigsten Menschen halten sich daran und wundern sich dann, wenn es ihnen schlecht geht. Der Körper weiß ganz genau, was ihm fehlt und wehrt sich mit Krankheiten aller Art.

Bewegung zum Beispiel im Sport und in unserer Freizeit ist ebenfalls ein wichtiger Bestandteil unseres Lebens und sollte gefördert werden. Dies ist eine der vielen Lebensnotwendigkeiten, welche nicht nur für den Körper, sondern bereits für Geist und Seele wichtig ist und uns gut tut.

Bewusstes Atmen ist ebenfalls für Körper, Geist und Seele gut. Das bemerken wir bei der Meditation, beim Tantra, Yoga usw.

Der Glaube versetzt Berge. Hier kommen wir der geistigen Welt etwas näher. Wer nicht glaubt, lebt auch, aber wie? Wenn wir nicht an die Erfüllung unserer Wünsche glauben, werden auch diese nach unserem Glauben erfüllt, nämlich nicht.

Die Liebe ist das Wichtigste im Leben. Bereits Jesus Christus hat immer wieder von Liebe gesprochen und uns ermutigt, alle und alles zu lieben. Wir müssen die Liebe ernst nehmen, denn durch die Liebe, die aus unserem tiefen Herzen kommt, werden alle Träume wahr.

Ich kann Sie nur ermutigen, all diese Lebensnotwendigkeiten wertzuschätzen und zu fördern. All diese Lebensnotwendigkeiten verschwenderisch anzuwenden ist Nahrung für unseren Körper, unseren Geist und unsere Seele.

Bild 3:   Wasser kann man trinken aber auch darin baden

„Nur wer selbst glücklich ist kann auch Andere glücklich machen.“

Manfred Bogenschütz

3.1   Wasser ist Leben

Ohne Wasser ist kein Leben denkbar. Wasser ist unser wichtigstes Lebensmittel. Ohne Nahrung kann der Mensch zwei Monate leben, ohne Wasser nur wenige Tage. Zu 70-80 Prozent besteht unser menschlicher Körper aus Wasser, unser Kopf enthält sogar 80-90 Prozent Wasser. Je weniger wir trinken, umso mehr muss unser Körper Schwerstarbeit leisten, tagsüber wie nachts, während wir schlafen. Alle physiologischen Vorgänge erfordern Wasser. Für den Transport von Nährstoffen, Enzymen, Fermenten, Vitaminen, Spurenelementen usw. und genauso für den Abtransport von Gift- und Ausscheidungsstoffen braucht unser Körper Wasser.

Wassermangel ist Ursache vieler Beschwerden und Schmerzen. Schon ein geringer Flüssigkeitsverlust von nur 2 Prozent führt zu ernsthaften Einschränkungen der körperlichen und geistigen Leistungsfähigkeit. Müdigkeit, Antriebslosigkeit, Konzentrationsschwäche, nachlassende Denkfähigkeit, Kopf-, Bauch- und Gelenkschmerzen, Migräne, Schwindelgefühl, Unwohlsein usw. können Anzeichen für einen Mangel an Wasser sein. Bandscheibenschäden, Arthrose, Asthma, Bluthochdruck, Sodbrennen und schwere Krankheiten wie Koliken, Nierenleiden, Krebs, Infarkt u.v.a. werden von Medizinern mit chronischem Wassermangel in Verbindung gebracht.

Es gibt viele Faustregeln, wie viel wir trinken sollen. In meinem Buch „Glücklich Leben im Paradies Erde" steht ebenfalls eine von vielen.

Ich kenne viele Menschen, die weniger als einen Liter Wasser pro Tag trinken, und ich kann Ihnen versichern, diese Menschen sind viel öfter krank als ich. Meine Lebenspartnerin z.B. war bereits im Krankenhaus, weil ihre Nieren wegen Wassermangel nicht mehr ordnungsgemäß arbeiten konnten. Dies war vor etwa drei Jahren. Und immer wieder ist sie schwer von einer Grippewelle getroffen. Langsam aber sicher verbessert sich die Lage da sie bei meinen Vorträgen und auch von Ihren Ärzten und Heilern immer wieder erfährt, wie wichtig Wasser für ihren Körper ist.

Was nützen da meine Predigten, wenn die Menschen ihren freien Willen dazu einsetzen, um sich krank und schlecht zu fühlen? All meine Erfahrungen und Aufschriebe hier nützen nichts, wenn Sie, liebe Leser, weiterhin an Zufälle glauben und sich meiner Beweise und den Beweisen, welche viele andere Personen erzählen können, nicht für ernst nehmen.

Ich habe auch schon in Zeitungsberichten von gegenteiligen Berichten gelesen, dass das Wasser aus unseren Nahrungsmitteln und sogar von Kaffee etc. ausreichen würde. Trotzdem bin ich der Meinung, dass Wasser sehr wichtig für unser Wohlbefinden ist und bleibe bei meiner Aussage.

Ein wenig möchte ich meine Aussage jedoch verändern. Wenn Ihr Unterbewußtsein weiß, dass Ihr Körper gesund sein möchte, dann wird sich Ihr Bewußtsein verändern und Sie werden automatisch mehr Wasser zu sich nehmen. Der Körper weiß nämlich genau, was er will.

Der Körper lügt nicht und wenn der Körper krank sein möchte, z.B. weil er nicht zur Arbeit will, dann will er einfach nicht gesund sein.

Sie werden sich vielleicht fragen, möchte nicht Jeder gesund sein? Dass dem nicht so ist, erkläre ich ausführlich in meinem Buch *„Wie denke ich mich Gesund"* aus dieser Buchreihe.

An dieser Stelle nur vereinfacht, machen Sie was Ihnen Spaß macht und teilen Sie Ihrem Körper mit, dass er gesund sein will, am besten noch, dass er gesund ist.

Wenn Sie merken, dass Ihr Körper nach viel Wasser verlangt, dann sind Sie auf dem besten Weg. Verwehren Sie Ihrem Körper den Wunsch nach Wasser nicht. Und noch eins, wenn sie durst haben, ist dies bereits ein Zeichen für Mangel. Trinken Sie bevor Sie durst verspüren. Ihr Auto bringen Sie auch zum Kundendienst bevor es defekt ist. Auch Benzin füllen wir nach bevor der Tank leer ist.

"AMMAN IMAN
—
Wasser ist Leben."

Sprichwort der Tuareg

3.2   *Bewusstes Atmen*

Wie im vorhergehenden Kapitel das Wasser, so ist die Luft zum Atmen eines der wichtigsten Dinge, welche der Mensch braucht.

Jeder weiß das wohl, aber es ist ein großer Unterschied, Atmen oder bewusstes Atmen. Unter bewusstem Atmen verstehe ich das Atmen in den ganzen Körper, was bei Meditationen erfolgen kann.

Durch bewusstes Atmen kann man zum Beispiel beim autogenen Training besser entspannen. Ob Sie durch die Nase oder den Mund atmen, ist zweitrangig. Wenn Sie fünf Bücher über richtiges Atmen lesen, dann wird Ihnen in drei Büchern geraten, durch den Mund zu atmen und in zwei Büchern wird stehen, dass Sie durch die Nase atmen sollen, oder auch umgekehrt. Machen Sie es einfach, wie Sie es für richtig halten. Was Sie für richtig halten, ist für Sie am Besten, vertrauen Sie Ihrem Bauchgefühl. Auch hier gilt, es ist richtig, wie Sie es denken.

Nehmen Sie sich täglich mindestens 5 Minuten Zeit, bewusst zu atmen.

Was erreichen Sie durch bewusstes Atmen?

Ich habe bereits vor 20 Jahren begonnen, bewusst zu atmen. Fangen wir an beim Entspannen, durch autogenes Training oder Tiefenentspannung. Der ganze Körper entspannt sich vom Stress, welcher sich alltäglich aufbaut, sei es bei der Arbeit, von der Gartenarbeit oder auch durch psychische, partnerschaftliche oder sonstige große wie kleine Probleme. Durch das bewusste Atmen werden alle Körperteile angesprochen und Sie atmen von Kopf bis Fuß ein und wieder aus. Dabei wird die Lunge gereinigt und Ihr gesamtes Volumen wird bewusst voll ausgeschöpft. Beim Durchschnittsmensch wird durch das normale Atmen die Lunge nur zu etwa einem Fünftel ausgenutzt. Dadurch verkleben die Lungengefäße, was sich früher oder später schädlich auswirken kann. Verstärkt wird dies natürlich durch Rauchen oder sonstige schlechte Luftverhältnisse. Die Lunge ist aber nur ein Teil unseres Körpers, welche sich für das bewusste Atmen bedankt.

Wenn Sie Atemübungen öfter durchführen, werden Sie feststellen, dass Sie in jedes Körperteil atmen können. In den Kopf, in die Arme, Hände und Finger, in den Bauch und Rumpf, in Ihre Beine und bis in die Zehen. Dabei wird alles aufgelockert und entspannt.

Die Chakren als unsere Energiezentren spielen eine große Rolle für unseren Körper. Wir alle haben sieben Chakren. Sie haben verschiedene Namen. Ich nenne hier jeweils nur einen Namen für jedes Chakra. Das Wurzelchakra, es befindet sich in Höhe der Geschlechtsorgane, das Bauchchakra, das Solarplexus Chakra, in Höhe der untersten Rippen, das Herzchakra, das Kehlkopfchakra, das Stirnchakra und das Kronenchakra, welches sich über dem Kopf befindet. Diese Chakren sind verantwortlich für den Energiefluss im Körper. Jedem Chakra wird zudem noch eine bestimmte Farbe zugeordnet, welche beim Atmen angesprochen werden kann. Wenn Sie nun immer wieder auch in diese Chakren bewusst einatmen, können sich Verspannungen und Blockaden in diesen Chakren lösen und die Energie besser fließen. Eine Chakrenübung mit Atemtechnik ist auch auf meinen CD's, welche im Anhang beschrieben sind.

Dieser Energiefluss ist wichtig für unser allgemeines Wohlbefinden. Es wird zugunsten verschiedener Lebensbereiche spürbar eingesetzt.

In meinem Buch *„Glücklich Leben im Paradies Erde"* und in meinem Buch *„Wie denke ich mich Gesund"* aus dieser Buchreihe finden Sie verschiedene Atemübungen. Nutzen Sie diese Übungen und verändern Sie diese einfach so, wie sie Ihnen am besten geeignet scheinen.

Wenn das bewusste Atmen neu für Sie ist, werden Sie anfangs etwas länger benötigen, bis Sie die hier aufgeführten Erfolge feststellen und bis Sie bewusst in jedes Körperteil atmen können. Lassen Sie sich Zeit. Es lohnt sich in jedem Fall. Ihr Körper dankt es Ihnen vielfach.

Fazit: Atmen ist nicht gleich Atmen. Gönnen Sie Ihrem ganzen Körper mehr Luft, als Sie durch Ihr normales Atmen aufnehmen. Atmen Sie bewusst. Sie können die bewusste Atmung in Ihr tägliches Übungsprogramm aufnehmen, so dass es keine zusätzliche Zeit in Anspruch nimmt.

"Atmen Sie bewusst in Ihren ganzen Körper und nutzen Sie dabei Ihr gesamtes Lungenvolumen aus."

Manfred Bogenschütz

3.3 Bewegung für Körper, Geist und Seele

Bewegung braucht der Mensch. Wer rastet, der rostet.

Es gibt viele Arten von Bewegung.

Angefangen beim normalen Spaziergang an der frischen Luft. Wohl jeder kennt es. Wir machen viel zu selten einen schönen Spaziergang in der freien Natur. Den Alltagsstress hinter uns lassen. Die Landschaft genießen. Und wenn wir es dann einmal tun, dann sagen wir uns: *„Warum tu ich das nicht öfter, es tut mir so gut"*. Geht es Ihnen auch oft so? Mir schon. Ich spaziere auch viel zu selten und immer nehme ich mir dann, wenn ich es mache, vor, es viel öfter zu tun. Wir nehmen uns einfach zu wenig Zeit für die schönen Dinge im Leben, für das, was uns gut tut.

Für die Fitness können Sie auch Joggen, Laufen, Walken usw. Auch dabei können Sie die Natur genießen und Ihrem Körper Gutes tun. Diese Arten der Fitness bringen nicht nur Wohlbefinden und Entspannung vom Alltag, sondern regen durch die Erhöhung des Blutdrucks bzw. des Pulses auch den Kreislauf an. Sie sollten täglich Ihren Kreislauf für mindestens fünf Minuten auf einen Puls von über 120 Schlägen pro Minute bringen, Ihr Körper wird es Ihnen danken. Ob Sie dies nun durch diese Fitness oder andere Tätigkeiten tun, ist irrelevant. Auch bei gutem Sex wird der Kreislauf in diesem Maße angeregt.

Wenn Sie noch mehr für Ihren Körper, Ihre Ausgeglichenheit und Ihr Wohlbefinden tun wollen, dann empfehle ich Ihnen asiatische Bewegungsübungen wie Thai Chi, Qi Gong, Yoga, Pilates Training oder ähnliches. Ich praktiziere Übungen dieser Art seit mehreren Jahren. Dabei gehe ich nicht streng nach irgendwelchen Regeln vor. Ich habe diese Übungen in Seminaren, bei meinen Rehabilitationsmaßnahmen und durch DVD's erlernt. Heute mache ich fast täglich ein paar einfache Übungen und ich merke stets, dass mein Körper sich dafür bedankt. Die Energie im Körper wird angeregt und fließt so, dass ich nach den Übungen, selbst wenn ich diese nur ein paar Minuten praktiziere, ein Kribbeln im ganzen Körper habe. Danach bin ich so fit, dass ich keinesfalls innerhalb der nächsten Stunde einschlafen könnte. Deshalb empfehle ich Ihnen, solche Übungen nicht vor dem Einschlafen durchzuführen. Tun Sie es morgens oder wenn Sie ein Tagestief erreichen, wo Sie am liebsten schlafen wollten, es aber gerade nicht können. Solche Übungen können Sie überall praktizieren. Es gibt Übungen, die Sie im Liegen, im Sitzen, im Stehen durchführen können. Auch am Arbeitsplatz gibt es sicher ein Örtchen, wo Sie sich für fünf Minuten solchen Übungen widmen können.

Genießen Sie solche Übungen möglichst täglich. Wenn auch nur kurz, Ihr Körper dankt es Ihnen.

Das Beste daran ist, jeder kann solche Übungen, vom Spaziergang bis zu Yoga und Thai Chi, praktizieren. Das Alter spielt dabei keine Rolle. Es muss ja nicht gleich ein Kopfstand sein.

Zum Kopfstand möchte ich eine kleine Erfahrung aus meinem Leben aufzeigen. Der Kopfstand ist im Yoga eine durchaus schwierige und sehr wirkungsvolle Übung. Ich habe erst mit 30 Jahren mein Studium begonnen. In diesem Alter ist es schon etwas schwieriger, intensiven Lernstoff zu verarbeiten. Den Höhepunkt in Sachen Lernen hat der Mensch laut einer Studie, welche ich im Studium gesehen hatte, mit 22 Jahren. Die Kurve geht dann langsam wieder zurück. Hinzu kam, dass ich als Umschüler denselben Lernstoff, welcher an einer üblichen Fachhochschule in vier bis fünf Jahren gelehrt wird, in drei Jahren lernen musste. Ich saß also drei Jahre täglich bis spät in die Nacht mit meinen Kommilitonen zusammen, um zu lernen.

Warum ich aber dies alles hier niederschreibe, ist, dass ich durch den Kopfstand aus dem Yoga gelernt habe, dass die Konzentration durch den Kopfstand extrem gesteigert werden kann. Also startete ich einen Versuch. Ich lernte vor jeder Prüfung am Vorabend noch einmal den gesamten Lehrstoff und legte mich dann schlafen. So etwas nennt man „Das Buch unters Kopfkissen legen". Morgens vor der Prüfung machte ich etwa drei bis fünf Minuten einen Kopfstand und ging dann zur Prüfung. Mein Kopf war klar und ich konnte mich sehr gut an das Erlernte erinnern.

Auch heute mache ich, wenn ich mich tagsüber sehr konzentrieren muss, morgens einen Kopfstand und ich merke immer wieder, wie gut es mir tut und wie klar mein Kopf danach ist.

Probieren Sie es, wenn Sie sich den Kopfstand zutrauen, einfach selbst aus.

Fazit: Bewegung tut dem ganzen Körper, Geist und Seele gut. Sie hält Sie fit und gesund. Gönnen Sie Ihrem Körper eine abwechslungsreiche Bewegung. Genießen Sie lieber jeden Tag ein wenig Bewegung als nur selten und dann in übertriebener Weise.

3.4 Gesunde Ernährung

Richtige Ernährung ist für unseren menschlichen Körper neben dem Wasser und der Luft zum Atmen ebenfalls ein sehr wichtiger Aspekt.

In der heutigen Zeit verlieren die Nahrungsmittel immer mehr an Vitaminen und Nährstoffen. Durch künstliches Vorantreiben des Wachstums, sei es bei Tieren oder Pflanzen, wird die von der Natur vorgesehene Struktur der Nahrungsmittel verfälscht. Durch ebenfalls künstliche Verlängerung der Haltbarkeit der Produkte gehen wichtige Bestandteile der Nahrungsmittel verloren.

Worin besteht eine richtige Ernährung? Dies kann wohl niemand so pauschal sagen, dass allen Menschen in gleicher Weise geholfen werden kann. Wir sollten auf unseren Körper hören. Der Körper lügt nie.

Essen Sie, was Ihnen schmeckt, aber achten Sie dabei darauf, dass Ihr Körper gesund sein will. Dabei spielen wieder Ihre tief im innersten verborgenen unterbewussten Gedanken eine große Rolle. Wenn Sie krank sein wollen, will Ihr Körper Nahrungsmittel, die Sie krank machen bzw. erhalten. Wenn Sie gesund sein wollen, will Ihr Körper Nahrungsmittel, die Sie gesund machen bzw. erhalten. Das mag sich jetzt für viele Leser doof anhören. Wer will schon krank sein? Ist es aber definitiv nicht.

Dazu ein kleiner Ausschweif. Ich war bei einem Heilpraktiker wegen Nervosität bei Vorträgen, die ich immer wieder halte, und weil ich eine Amalgamentgiftung neben einer Zahnbehandlung an mir durchführen ließ, wo ich sämtliches Amalgam, welches mir in meiner Jugendzeit in der Hälfte meiner Zähne implementiert wurde, entfernen ließ. Viele Heilpraktiker wenden die Kinesiologie an, um den Körper zu fragen, welche Medikamente er zu bestimmten Heilungen wünscht. Der Heilpraktiker, welcher mich behandelte, ist ein Spezialist auf dem Gebiet. Er hat mit Kinesiologie die erforderlichen Medikamente erfragt und auch die Menge, welche der Körper für die aktuelle Entgiftungsphase benötigt. Genauso für die Behandlung meiner Nervosität. Eine der ersten Fragen, welche der Heilpraktiker an meinen Körper stellte, war, ob ich krank oder gesund sein wolle. Genau deshalb führe ich diesen Absatz hier auf.

Es gibt viele Menschen, welche ihre Gedanken stets auf Krankheit lenken. Durch diese Gedanken verstärken bzw. verschlimmern sich deren Krankheiten. Sie wissen ja: *„Dein Wille geschehe."* Ihre Gedanken sind Ihre Wünsche. Wenn Sie sich lange genug Krankheit einreden, verankert sich dies

Liebes Universum - Wie werde ich Reich

in Ihrem Unterbewusstsein, wird als Wunsch ins Universum gesendet und verwirklicht.

Aber warum schreibe ich dies alles unter dem Thema „*Nahrung*"? Ich schreibe dies auch in vielen anderen Kapiteln, weil es immer um dasselbe geht, um „*Die Macht unserer Gedanken*".

Ich habe ja geschrieben, Sie sollen essen, was Ihnen schmeckt.

Wenn ich dies so schreibe, dann könnten viele Leser einwenden: „*Ich esse ja, was mir schmeckt*", und trotzdem werde ich immer dicker oder schlanker oder was auch immer. Genau, der Körper holt sich nämlich das, was er braucht, um Ihre Wünsche zu erfüllen. Ihre Wünsche, welche tief in Ihrem Unterbewußtsein verankert sind.

Wer sich dessen nicht bewusst wird, dem empfehle ich in jedem Fall viel Obst und Gemüse sowie viel Abwechslung in sonstigen Speisen. Dies ist immer gut und ist Ihnen sicher auch aus Zeitschriften und sonstigen Lektüren bekannt. Denn nicht jeder beschäftigt sich mit Themen, wie ich sie in diesem Buch beschreibe.

Dadurch, dass in den Nahrungsmittel in der heutigen Zeit zu wenig Nährstoffe vorhanden sind, empfehle ich zudem Nahrungsergänzungsmittel, die es überall zu kaufen gibt. Die mir wichtigsten Nahrungsergänzungsmittel sind Magnesium, Calcium, verschiedene Vitamine und Knoblauch. Dies kann aber für Sie ganz anders sein. Ich nehme auch immer wieder Andere, um einfach meinem Körper etwas zusätzlich Gutes zu tun.

Sie wissen bereits, dass ich bei meiner täglichen Meditation unter anderem Gesundheit mit einbeziehe. Dadurch nimmt mein Körper auch nur die Stoffe auf, welche für mich gut sind.

Wenn Sie erst einmal Ihr Unterbewusstsein von Gesundheit überzeugt haben, dann kann Ihnen die Torte bei der nächsten Geburtstagsfeier, das leckere Eis im Strandcafé oder die Remoulade im Salat nichts mehr anhaben.

Es kommt, wie Sie es sich denken.

Wenn Sie jetzt einwenden, so ein Unsinn, dann wird es für Sie Unsinn sein. Ein Versuch kostet aber nichts und Sie werden erstaunt sein, welche Wirkung „*die Kraft Ihrer Gedanken*" hat.

Es liegt an Ihnen, was Sie aus diesem Wissen machen. Niemand kann Ihnen die Entscheidung abnehmen.

Außerdem, was würde die Pharmaindustrie machen, wenn alle gesund wären? Gönnen wir denen doch auch Ihr Dasein.

3.5   *Glaube an die Göttlichkeit*

Der Glaube versetzt Berge.

Warum hat Jesus Christus zu den Menschen, welche er anscheinend geheilt hat, gesagt: *„Euer Glaube hat Euch geholfen bzw. geheilt"*? Oder warum hat Jesus Christus zu seinen Jüngern auf dem Boot, welches in Seenot geriet und er dann die See beruhigte, worauf die Jünger fragten: *„Warum können wir das nicht?",* gesagt *„Euer Glaube ist nicht stark genug"*?

Ich selbst habe in den letzten Jahren so viele Erlebnisse mit der Macht meiner Gedanken erlebt, wo ich auch sagen kann, der Glaube versetzt Berge. Oder die Macht unserer Gedanken versetzt Berge, wir müssen nur stark genug daran glauben. Wenn wir nicht glauben, dass das, was wir uns wünschen, auch erfüllt wird, dann ist dies auch so. Wie könnte es anders sein. Es ist ja dann unser Wunsch, dass dem nicht so sein soll.

Sie können glauben, was immer Sie wollen. Es wird so sein bzw. so eintreffen.

Wenn Sie einer bestimmten Glaubensvereinigung angehören, können Sie die vorgefertigten Gebete, Lieder und Sonstiges auswendig lernen. Das mag auch richtig sein. Jeder darf das tun, was er will. Jeder von uns hat seinen freien Willen. Das ist auch gut so. Ich finde es auch gut, dass es solche Einrichtungen gibt. Vielleicht wäre sonst die Welt noch viel brutaler, als sie durch unsere schlechten Gedanken bereits geworden ist. Die ganzen vorgefertigten Gebete richten sich doch glücklicherweise daran, dass wir eine positive Einstellung zu unserem Leben vor, während und nach unserem irdischen Dasein erlangen. Was ich selbst nicht verstehen kann ist, warum es die heiligen Kriege gibt. Die verantwortlichen Menschen für Kriege verstehen wohl alle nicht die Worte Jesus Christus und anderer Propheten. Ich kenne keinen Propheten, welcher im Vordergrund jeder Glaubensrichtung steht, der für Kriege war oder Kriege anzetteln wollte.

Es gibt wohl überall schwarze Schafe und Menschen, denen für die Macht über andere Menschen und Länder jedes Mittel recht ist. Dies können wir nicht verhindern. Wir müssen uns nur in acht nehmen, dass wir nicht so werden. Wir wünschen uns ein glückliches Leben, sonst würden Sie dieses Buch nicht lesen, und dies können wir auch haben.

Was ich Ihnen am meisten empfehlen möchte und Ihnen ans Herz legen will ist, dass Sie an sich selbst und an Ihre innere Göttlichkeit glauben. Die innere Göttlichkeit in jedem von uns ist die Macht, welche uns in allen Lebenslagen das bietet, was wir uns wünschen.

Wann glauben die meisten Menschen an einen Gott?

Sie flehen Gott an, wenn es ihnen gerade schlecht geht und dann wollen sie Hilfe. Oder sie sagen: *„Warum hilft er mir denn nicht?"* Dabei hat er ihnen doch geholfen. Er hat die negativen Gedanken und Wünsche eingelöst. Wenn es den Menschen gut geht, vergessen sie oft Gott. Es ist ja alles in Ordnung. Aber gerade da ist es notwendig, dass wir dankbar sind. Durch Dankbarkeit für alles, was uns gutes widerfährt, verstärkt sich das Gute in uns und wir erfahren immer mehr von dem Guten. Ich danke jedem Sonnenstrahl und jedem Regen. Heute bekomme ich immer das Wetter, welches ich benötige. Wenn ich draußen im Freien bin, dann lächelt mich die Sonne an. Wenn ich wie jetzt gerade diese Zeilen schreibe, dann regnet es draußen für die Pflanzen, damit diese, wenn ich spazieren gehe, für mich aufblühen können.

Was glauben Sie?

Glauben Sie an *„die Macht Ihrer Gedanken"*? Ich kann Ihnen dazu nur gratulieren.

Der Glaube ist sehr wichtig, wenn Sie Ihr glückliches Leben genießen wollen. Wenn Sie nämlich nicht an die übersinnlichen Kräfte im Universum glauben, dann sind alle Anstrengungen, welche Sie mit den Übungen aus diesem Buch machen, völlig unsinnig. Sie denken dann im Unterbewusstsein genau das Gegenteil von dem, was Sie gerade erreichen wollen. Und was trifft dann ein? Genau das, was Sie in Ihrem Unterbewußtsein ins Universum senden. Sie ziehen das an, was Sie aussenden.

Wenn Sie Ihre täglichen Meditationen beginnen und zum Beispiel an die Worte LIEBE, DANKBARKEIT, FRIEDE, GESUNDHEIT, GLÜCK, ERFOLG, REICHTUM, WOHLSTAND, ÜBERFLUSS und evtl. sonstige positive Begriffe denken, dann müssen Sie daran glauben, dass diese Worte nicht nur Worte bleiben, sondern sich für Sie erfüllen.

Freuen Sie sich auf Ihren Reichtum und Wohlstand und verstärken Sie diese mit Ihrem Glauben an Ihre innere Göttlichkeit.

„Gott ist in uns."

Manfred Bogenschütz

3.6   *Zusammenfassung des dritten Kapitels*

In diesem dritten Kapitel haben wir die wichtigsten, lebensnotwendigen Dinge, welche unser Körper, unser Geist und unsere Seele benötigen, um ein Leben in Harmonie genießen zu können, kennengelernt.

Der menschliche Körper besteht zu fast 80 Prozent aus Wasser, welches wir ihm täglich zuführen sollten.

Nahrungsmittel und Nahrungsergänzungsmittel, welche unser Körper benötigt, sollten wir unserem Körper nicht erst gönnen, wenn er in Form von Hunger und Durst danach ruft, sondern täglich in angemessener Weise.

Bewegung braucht der Mensch. Ob beim täglichen Spaziergang oder durch Sport und Fitness, Bewegung ist für Körper, Geist und Seele gleichermaßen wichtig und gut.

Der Glaube versetzt Berge. Wir sollten glauben, dass alles, was unsere Gedanken als Wünsche ins Universum senden, auch erfüllt wird. Wenn wir nicht daran glauben, trifft auch dies ein und unsere Wünsche sind somit negiert.

Sicher gibt es noch viele weitere Lebensnotwendigkeiten. Vielleicht schreiben Sie auch einmal ein Buch über Ihre Erfahrungen zum Thema *„Die Macht unserer Gedanken"*. In Ihrem Buch sind dann sicher andere bzw. weitere Dinge als lebensnotwendig aufgeführt. Jeder hat seine eigene Wahrheit und wir können es nie Jedem recht machen. Ich freue mich, wenn Sie sich über Ihre lebensnotwendigen Dinge im Leben Gedanken machen und diese fördern.

Der Schlaf zum Beispiel. Wir verbringen ein Drittel unseres Lebens im Schlaf. Dabei regeneriert sich der Körper und bereitet sich auf den nächsten Tag vor. Über gesundes Schlafen gibt es im Internet viele Beiträge. An dieser Stelle kann ich jedem nur empfehlen, sich ein gutes Bett und eine gute Matratze zuzulegen. Ein gesunder Schlafplatz ist ein Vermögen wert. So wie man sich bettet, so schläft man. Beratungen hierfür können Sie sich bei Feng Shui Beratern und bei Menschen, welche Schlafplätze auf Störungen z.B. mit Wünschelruten, Pendel und ähnlichem ausmessen können, holen.

All diese Lebensnotwendigen Dinge sind für ein glückliches Leben und somit auch für Ihren finanziellen Erfolg wichtig. Deshalb sind sie auch in all meinen Büchern in unterschiedlicher Ausführlichkeit beschrieben.

"Liebe denken. Liebe senden. Liebe geben. Liebe nehmen. Ein glückliches Leben beginnt mit unseren liebevollen Gedanken an das gesamte Universum. "

Manfred Bogenschütz

Bild 4:   Liebe an das gesamte Universum senden

4 Berichte über finanzielle Verbesserungen

Wir haben in den bisherigen Kapiteln die wichtigsten Punkte kennengelernt, welche für ein glückliches Leben notwendig sind.

Vieles davon ist meinen Lesern bereits aus meinen anderen Büchern bekannt. Ich habe die Kapitel, welche für ein ganzheitliches glückliches Leben notwendig sind übernommen und dem Thema dieses Buches angepasst. Dies fand ich für notwendig, um das Buch auch für die neuen Leser verständlich zu machen, ohne dass sie ein anderes Buch von mir zur Verständlichkeit als Vorstufe benötigen.

In diesem Kapitel werden finanzielle Verbesserungen aufgezeigt, die sich für mich Heute so darstellen, dass ich sagen kann, ich habe diese Veränderungen durch eigene Kraft meiner positiven Gedanken erwirkt.

Wir können auch Zufall dazu sagen, denn alles fällt uns zu, was wir in unserem Unterbewußtsein denken.

Die nachfolgenden Ereignisse sind ein Auszug von vielen weiteren erfolgreichen Wunscherfüllungen, welche ich in meinem Buch „Glücklich Leben im Paradies Erde" beschrieben habe.

Lassen Sie sich inspirieren von meinen Erfolgen, sicher können auch Sie aus Ihrem Leben solche bzw. ähnliche Ereignisse immer mehr nachvollziehen. Fast jeder Mensch, mit dem ich über solche Phänomene rede kann mir ähnliches aus seinem Leben berichten.

Ich kann Ihnen nicht erklären, warum der Glaube und das Vertrauen bei der finanziellen Verbesserung einen solch großen Effekt haben, aber meine Erfahrungen zeigen, dass dem so ist.

"Wer an sich selbst glaubt, kann seine Ziele erreichen."

Manfred Bogenschütz

Bild 5:   Glaube an sich selbst

"Wer nicht an sich selbst glaubt, dem können solche Erfolge ebenfalls geschehen, er ist sich dessen nur nicht bewußt."

Manfred Bogenschütz

4.1 Schlechte Mieter – Gute Mieter

Ich bin seit 1985 Vermieter. 1985 habe ich mein erstes Haus gekauft und umgebaut. Eine Wohnung und einen Geschäftsraum konnte ich vermieten. Die ersten Mieter waren gute Mieter, problemlos, und bezahlten ihre Mietzinsen pünktlich.

Wenn ich mit anderen Vermietern so redete, konnten wir uns gegenseitig oft nicht verstehen. Ich hatte keine Probleme, alles war in Ordnung und ich konnte jedem nur empfehlen, leer stehende Räume zu vermieten, da es sonst totes Kapital ist. Immer wieder stieß ich auf genau die gegenteiligen Meinungen. Die Mieter von anderen Vermietern bezahlten nicht, die Hausordnungen wurden nicht befolgt, die Kehrwoche funktionierte nicht usw. Alles fremd und unvorstellbar für mich.

Unbewusst wurde mir also ständig Negatives über Mieter suggeriert und auch die Zeitungen waren voll mit negativen Gerichtsbeschlüssen bezüglich Mietsachen.

Also begann mein Gehirn negativ über Mieter zu denken und sandte ans Universum negative Gedanken über Mieter aus, obwohl ich gute Mieter hatte. *„Dein Wunsch ist mir Befehl"*, antwortete das Universum.

Plötzlich blieben Mietzinszahlung aus und ich musste immer wieder meinem Geld nachlaufen. Meine Bank war ebenfalls unglücklich über die fehlenden Mieteinnahmen. Also habe ich mich über die Mieter aufgeregt und meine negativen Gedanken verstärkt. Hinzu kam noch meine Ehescheidung, welche negative Gedanken in mir hervorgerufen hatte.

1995 kaufte ich mein zweites Haus und konnte nach erfolgreichem Umbau auch in diesem Haus drei Wohnungen vermieten. Was ich da alles erlebte, kann ich kaum in Worte fassen. Ich bekam immer mehr das Gefühl, dass niemand mehr seine Mietzinsen bezahlen konnte, obwohl in dem kleinen Ort, in dem dieses Haus steht, die Mietzinsen sehr gering sind.

Durch die fehlenden Mietzinszahlungen kam ich bei meiner Bank und bei meinen Unterhaltszahlungen an meine beiden Kinder immer mehr in Verzug. Letztendlich wurde ich gezwungen, eines der Häuser zu verkaufen. Da das mit schlechten Mietern bewohnte Haus nur sehr schlecht verkauft werden konnte, verkaufte ich das Haus, welches ich schon länger hatte und gut vermietet war. Dies war zwar unwirtschaftlich, aber ich wurde dazu gezwungen und es blieb mir keine Wahl.

Liebes Universum - Wie werde ich Reich

Die Zeiten wurden immer schlechter und meine Gedanken natürlich mit. Ich musste mehrere Mieter buchstäblich rauswerfen, das Einklagen von Mietzinsrückständen blieb teilweise erfolglos. Verlassene Wohnungen musste ich auf eigene Kosten entrümpeln und zum Teil stand der Schimmel in der Küche und in den Kühlschränken bei Auszug mehrere Zentimeter in den Gläsern und sonstigen Behältnissen.

Nach diesen Ereignissen konnte ich andere Vermieter verstehen, welche keine Lust mehr hatten, ihre leerstehenden Wohnungen zu vermieten.

Als ich begann, mich mit dem Thema *„Die Macht unserer Gedanken"* zu beschäftigen, war für mich klar, ich denke mir jetzt nur noch gute Mieter. Ich sandte den Wunsch ans Universum und sandte gedanklich an alle Mieter, vor allem auch an jene, welche im Zahlungsverzug waren und selbst jenen, die bereits nicht mehr bei mir wohnten und von denen ich noch Tausende von damals noch DM zu bekommen hatte, LIEBE, DANKBARKEIT und VERGEBUNG.

Sie können sich kaum vorstellen, wie sich meine Mieter verändert haben.

Heute habe ich wieder zwei Häuser, davon sind sieben Wohnungen vermietet und alles läuft positiv. Wenn jemand, aus welchem Grund auch immer, einmal in Zahlungsverzug gerät, sagt er sofort Bescheid und wir finden eine Lösung. Kaum ein Mieter ist mehr im Rückstand und wenn es einmal Zahlungsprobleme gibt, sind diese innerhalb von ein paar Monaten wieder ausgeglichen. Probleme mit Kehrwoche oder ähnliches kenne ich nicht mehr. Wenn sich heute ein Mieter über einen anderen Mieter im Hause beschwert, löst sich das Problem meist ohne mein Zutun innerhalb eines Tages wieder in Luft auf.

Ist dies alles Zufall?

Für mich jedenfalls nicht.

Wenn Sie auch Vermieter sind und Probleme mit Ihren Mietern haben oder wenn sie ein jegliches anderes Problem quält, wünschen Sie sich das Gegenteil und senden Sie LIEBE, DANKBARKEIT und VERGEBUNG, vor allem an diejenigen, denen Sie bisher vielleicht eher das Gegenteil gesendet haben.

Erfüllen Sie sich Ihren Wunsch.

Denken Sie sich ein positives Umfeld und es geschehe nach Ihrem Willen.

Vielen Dank an dieser Stelle an alle meine Mieter.

4.2   Schulden – Reichtum

Wie im vorherigen Kapitel *Gute Mieter – schlechte Mieter* verhielt es sich parallel dazu mit meinem Geld. Natürlich spielten hier die negativen Einflüsse bezüglich der Mieteinnahmen eine Rolle, aber auch sonst hatte ich viel Pech in Sachen Finanzen. Man muss Reichtum allerdings auch nicht immer mit Geld gleichsetzen, Reichtum gilt für alles, was man sein Eigentum und seine Wertschöpfung nennen kann. Zudem ist Reichtum für jeden anders zu definieren. Der eine Mensch ist bereits reich, wenn er sich jeden Tag das leisten kann, was er zum Leben braucht, für den anderen beginnt der Reichtum erst ab einer Million Euro, Dollar oder sonst einer Geldwährung. Wieder andere benötigen schon mehrere Millionen, damit sie sich als reich bezeichnen würden.

Aber wir wollen hier über die Veränderung sprechen, egal, was Sie oder ich unter Reichtum verstehen.

Bevor ich mit 21 Jahren heiratete, hatte ich mir soviel Geld angespart, dass ich den Grundstein für mein erstes Haus hatte, also mindestens soviel, dass ich im ersten Jahr unserer Ehe die Eigenmittel hatte, damit wir eine Finanzierung von der Bank bekamen. Bis zu meiner Scheidung etwa sieben Jahre später verlief auch alles gut. Wer selbst eine Scheidung hinter sich hat, dem brauche ich hier nicht zu erklären, welche finanzielle Ungerechtigkeit in unserem deutschen Rechtssystem herrscht. Auch möchte ich hier nicht auf Details meiner Scheidung eingehen, da ich damit fünf weitere Bücher füllen könnte und dann mehr Klagen am Hals hätte als die ganzen Politiker, welche ihre Redefreiheit zu sehr genießen.

Wie Sie entnehmen können, fühlte ich mich ungerecht behandelt von unserem Familienrecht. Sicher fühlte sich die Gegenpartei genau so schlecht behandelt. Wenn wir nun zurück auf unsere Gedanken kommen, hat also jeder seine eigene Wahrheit.

Die Scheidung hat mich jedenfalls finanziell so sehr heruntergezogen, dass ich immer nur noch an meine Schulden denken konnte und diese Gedanken verstärkten immerzu die Situation, dass es mir finanziell immer schlechter ging. Fast zwanzig Jahre trat ich auf der Stelle bzw. ging es mehr bergab als bergauf. Wenn es schien, als würde es ein wenig besser werden, kam immer wieder ein negatives Ereignis und ich kam aus meinen Schulden nicht heraus. Ich konnte noch soviel verdienen, meine Konten waren all die Jahre am Limit des Kontokorrentkredites. Ich gab nie auf und als ich mich dann mit dem Thema *„Die Macht unserer Gedanken"* befasste und auch wusste, dass ich mir mit meinen Gedanken jeden Wunsch erfüllen konnte, was immer ich wollte, begann ich umzudenken. Ich habe einige Wünsche ins Universum gesandt, kleine und große Wünsche, welche ich mir kaum vorstellen konnte, dass sie erfüllt werden können. Diese, welche ich mir nicht vorstellen konnte, wurden bisher auch noch nicht erfüllt. Ist doch klar. Wenn man es selbst nicht glaubt, dann ist dies der unbewusste Gedanke und er wird erfüllt. Also machen Sie es mir nicht nach. Glauben Sie an die Erfüllung jedes Wunsches, den Sie ins Universum senden.

Und dann ist es natürlich wie bei jedem Wunsch, den Sie ins Universum senden, wichtig, dass Sie ihn loslassen. Das heißt, nicht täglich darauf warten, sondern die Situation, so wie sie momentan ist, zu akzeptieren.

Ich danke jeden Tag für das, was ist, wo es ist und wie es ist, sende jeden Tag LIEBE, DANKBARKEIT, FREUDE, FRIEDE usw. aus und danke für das, was ich bis heute alles erreicht habe.

Jeder Tag bringt mir neues Glück und täglich verbessert sich auch meine finanzielle Situation. Wenn ich etwas brauche oder ich ein Problem zu lösen habe, kommt irgendwo ein Lichtlein her und es löst sich ein Problem nach dem anderen auf.

Ich habe noch viele offene Wünsche und ich bin mir sicher, dass alle in Erfüllung gehen.

Fazit: Wenn Sie jeden Tag an Ihre Schulden und Ihre Armut denken, ziehen Sie Schulden und Armut an und das Universum tut alles dafür, dass die Schulden und die Armut sich vergrößern. Wenn Sie an Reichtum, Wohlstand und Überfluss denken, dann ziehen Sie Reichtum, Wohlstand und Überfluss an und diese werden sich vermehren.

Es liegt in Ihrer Macht. Was denken Sie?

Ich kenne Menschen, die wollen jede Woche im Lotto gewinnen und gleichzeitig denken Sie: *„Ich will ja gar nicht mehrere Millionen, es reicht mir, wenn ich schon soviel gewinnen würde, dass ich mir jeden Tag das leisten kann, was ich brauche".* Was passiert diesen Menschen? Sie werden nie gewinnen, denn das, was sie täglich brauchen, haben sie doch bereits, sonst würden sie sterben. Sie haben Luft zum Atmen, Wasser zum Trinken und Nahrung zum Essen.

Lassen Sie die Lotteriespiele, wenn Sie so denken. Wenn Sie gewinnen wollen, müssen Sie es sich auch Wert sein und vor allem auch anderen Menschen die Gewinne gönnen.

4.3   Von der Arbeit zum Vergnügen

Ich bin bereits in unternehmerischem Hause aufgewachsen. Hatte bereits mit achtzehn Jahren nebenberuflich mit einem Freund mein erstes Unternehmen gegründet. Wir hatten eine Tourneedisco mit über hundert gut besuchten Veranstaltungen pro Jahr. Nach knapp drei Jahren verließ ich dieses Unternehmen aus familiären Gründen, da ich eine Familie gründete und mehr Zeit für diese aufbringen wollte. Hauptberuflich schlug ich den Weg der Elektrotechnik ein, da mir Elektrik und Elektronik schon immer sehr viel Spaß machte.

Aus verschiedenen Gründen ging ich nach meiner Ausbildung zum Kfz-Elektriker verschiedene andere berufliche Wege, kam erst im Alter von dreißig Jahren wieder zur Elektrotechnik zurück und studierte an der Fachhochschule Heidelberg. Nach meinem Studium eröffnete ich mein eigenes Ingenieurbüro für elektrotechnische Planungen. Da in diesem Bereich die Gewinnmarge zu gering war, habe ich in eine Angestelltentätigkeit in der Automobilbranche gewechselt.

Ich war neun Jahre im Angestelltenverhältnis. Anfangs war das Betriebsklima super, später wurde es immer schlechter, so dass wir eine Fluktuation von circa 25 Prozent hatten. Ich war in der Entwicklung, als Qualitätsbeauftragter und Projektleiter tätig. Die Projektleitertätigkeit hat mir sehr viel Spaß gemacht, da ich dabei mein gewohntes selbstständiges, unternehmerisches Denken und Handeln sowie meine Kreativität und Eigeninitiative voll entfalten konnte.

Nachdem ich kein eigenes Projekt mehr hatte und auch kein weiteres Projekt in Aussicht war sowie das Betriebsklima zunehmend schlechter wurde, habe ich mir so meine Gedanken gemacht, was ich wohl tun könnte. Hinzu kam, dass meine Freundin in der Nähe des Bodensees wohnte und ich zwei Stunden entfernt arbeitete.

Projektleiter hat mir sehr viel Spaß gemacht. Veranstaltungen mochte ich aus früheren Zeiten auch sehr gerne. Auch wenn ich Motivationsseminare besuchte, dachte ich immer: *„Solche Veranstaltungen selbst zu gestalten, würde mir auch sehr viel Spaß bereiten"*. Diese Gedanken wurden von mir wohl unbewusst immer wieder ins Universum gesendet.

Ich verließ das Unternehmen, weil es mir keine Perspektive bot und um mit meiner Freundin ein gemeinsames Leben Nähe Bodensee beginnen zu können.

Daraufhin war ich erst einmal arbeitslos. Ich habe mich bei verschiedenen Unternehmen im Bodenseekreis beworben und nebenbei auch die Möglichkeit der freiberuflichen Tätigkeit als Projektleiter, Manager oder ähnliches mit einbezogen.

Vor etwa zwei Jahren begann ich zum ersten Mal, ein Buch wie dieses zu schreiben, aber ich hatte zu wenig Stoff. Ich habe mehrmals begonnen und nach fünfzig Seiten wieder aufgehört zu schreiben. Außerdem hatte ich zu viele Probleme, um ein Buch wie dieses schreiben zu können. Ich dachte: *„Wie kann ich ein Buch über glückliches Leben schreiben, wenn ich selbst so viele Probleme habe"*.

Da eher negative als positive Resonanz auf meine Bewerbungen einging und auch freiberuflich sich eher Kleinaufträge einstellten, sagte mir mein Bauchgefühl immer wieder: *„Jetzt ist die Zeit gekommen, um mein erstes Buch zu schreiben. Jetzt sind bereits viele Umwandlungen und positive Ereignisse eingetroffen, um genügend Stoff für ein interessantes Buch für alle Menschen schreiben zu können"*.

Ich habe noch einmal ganz von vorne angefangen und mein erstes Buch *„Glücklich Leben im Paradies Erde"* in wenigen Monaten geschrieben.

Durch mein positives Denken erhalte ich täglich neue Eingebungen auch in Bezug auf meine erfolgreiche Zukunft.

Ich setze diese Ideen nach und nach um.

Dieses Buch ist nun bereits mein siebtes Buch innerhalb eines Jahres. Meine Bücher sind beliebt und ich erhalte immer mehr positive Rückmeldungen und Motivation, dass ich so wie bisher weitermachen soll.

Vielleicht besuchen Sie ja eine meiner Veranstaltungen und geben mir dann ein Feedback, ob ich meine Sache gut mache und meinen Traumjob gefunden habe. Vielleicht treffen Sie mich auch geschäftlich als Projektleiter. Alle Wege stehen mir nach wie vor offen.

Autor werde ich nebenbei in jedem Fall für immer bleiben, denn diese Bücher mit meinen Erfahrungen für Sie liebe Leser zu schreiben macht mir sehr viel Spaß.

„Spaß an der Arbeit" ist sehr wichtig für Ihr ganzheitliches Wohlbefinden. Wie Sie ihn finden steht in meinem gleichnamigen Buch aus dieser Buchreihe.

4.4   *Weitere Erfahrungen des Autors*

Als ich meine Ausbildung zum Kfz-Elektriker abgeschlossen hatte, wollte ich eine Weiterbildung als Meister, Techniker, oder gar ein Studium absolvieren. Meine finanzielle Lage sowie meine familiären Verhältnisse ließen dies nicht zu. Zum Einen hatte ich das entsprechende Kleingeld nicht und zum Anderen konnte ich nicht für längere Zeit weg von meiner Familie. Ich musste Geld verdienen, um meine Familie unterhalten zu können. Ich hatte aber den Wunsch unbewusst ins Universum gesendet, indem ich diesen Wunsch in meinen tief verankerten Gedanken träumte.

Jahrelang ging ich somit anderen Beschäftigungen nach und ließ von meinem Wunsch einer Weiterbildung los.

Als nach ein paar Jahren meine Scheidung kam und ich meine Beschäftigung auf längere Sicht nicht weiter ausüben konnte, bekam ich den Tipp, dass es in Heidelberg die Möglichkeit gibt, eine solche Weiterbildung als Umschulungsmaßnahme zum Techniker zu absolvieren. Daraufhin besuchte ich einen Aufnahmetest zum Techniker und mein Ergebnis war so hervorragend, dass mir sogar ein Studium als Umschulungsmaßnahme angeboten und empfohlen wurde.

Mein Traum hat sich erfüllt und ich absolvierte ein Studium zum Dipl.-Ing.(FH) Elektrotechnik an der Fachhochschule Heidelberg. Zufall? Ich denke schon, dass es mir zufiel, weil ich es in meinen Gedanken als Wunsch ins Universum gesendet habe.

Nachdem ich mein Studium abgeschlossen hatte, war ich zunächst zwei Jahre selbstständiger Elektroplaner. Dann bekam ich ein Angebot in der Automobilzulieferindustrie und wurde für die Entwicklung neuer Technologien eingestellt. Auf eigenen Wunsch bekam ich auch sofort als zusätzliche Aufgabe die Stelle des Qualitätsbeauftragten, da ich die größte Erfahrung von allen Kollegen auf diesem Gebiet durch meine Diplomarbeit mitbrachte.

Mein Wunsch in diesem Unternehmen war aber, Projekte zu leiten. Projektleiter waren bis dato stets den Supervisoren vorbehalten. Es wurde zwar jedem bei der Einstellung aufgezeigt, dass sich das Unternehmen in den nächsten Jahren sehr stark weiterentwickelt und somit weitere Führungskräfte benötigt werden und es wurde Jedem Aufstiegsmöglichkeiten versprochen, aber dies hat sich lange Zeit nicht bewahrheitet.

Nach mehreren Jahren war ich der Erste, der eine Projektleiterstelle bekam.

„Vertrauen Sie auf die Macht Ihrer Gedanken.

Auch in beruflichen Dingen können Sie sich Ihrem Erfolg durch positives Denken ein Stück näher bringen.

Denken Sie stets positiv über Ihre Mitarbeiter, Kollegen, Kunden und über Ihre Produkte bzw. Dienstleistungen.

Vermeiden Sie jede negative Einstellung dazu."

Manfred Bogenschütz

5 Definition Reichtum, Wohlstand, Überfluss

Jeder hat seine eigene Definition von Reichtum, Wohlstand und Überfluss. Die Einen fühlen sich Reich wenn sie viele Millionen haben, Andere schon, wenn sie nicht unter einer Brücke schlafen müssen. Definieren Sie Ihren Reichtum, Wohlstand und Überfluss ganz nach Ihren Bedürfnissen.

Trotzdem führe ich die allgemeinen Definitionen, wie ich sie im Internet vorgefunden habe, hier zur Vervollständigung auf.

5.1 Definition Reichtum

Das Wort Reichtum bezieht sich auf die Verfügbarkeit von materiellen oder immateriellen Gütern, welche das Leben bereichern. Heutzutage wird Reichtum häufig quantitativ auf Geld und Besitztümer bezogen, lässt sich aber grundsätzlich nicht auf materielle Güter reduzieren.

Reichtum bezeichnet den Überfluss an geistigen oder gegenständlichen Werten, insbesondere die Tatsache des Besitzes von materiellen Gegenständen. Die Bedeutung geistigen Reichtums wird häufig unterschätzt, lässt sich aber aus materieller Sicht kaum darstellen. Gesellschaftlich gesehen erfordert Reichtum die allgemein akzeptierte Übereinkunft, dass Dinge, Land oder Geld jemandem gehören und dass dieses Eigentum geschützt wird. Das Verständnis von Reichtum unterscheidet sich in verschiedenen Gesellschaften. **Quelle „wikipedia.de"**

5.2 Definition Wohlstand

Wohlstand ist ein positiver Zustand, der individuell unterschiedlich wahrgenommen wird. Wohlstand setzt sich aus immateriellem und materiellem Wohlstand zusammen. Der Lebensstandard ist leichter zu messen. Umgangssprachlich ist damit gemeint, dass jemand mehr als normal Geld besitzt bzw. dass es ihm in materieller Hinsicht an nichts mangelt. **Quelle „wikipedia.de"**

5.3 Definition Überfluss

Zustand, in dem man mehr von etwas hat, als man braucht. **Quelle „de.thefreedictionary.com"**

5.4   *Definieren Sie Ihre Ziele*

Wie definieren Sie Reichtum, Wohlstand und Überfluss?

Wenn Sie reich werden möchten, wovon ich ausgehe, da Sie dieses Buch lesen, dann brauchen Sie eine Definition bzw. Ziele, was Sie unter Reichtum, Wohlstand und Überfluss verstehen und erreichen möchten.

„Wer sein Ziel nicht kennt, kann es auch nicht erreichen."

Manfred Bogenschütz

Bild 6:   *Visualisierung an Pinwand*

Vielleicht haben Sie schon einmal bemerkt, wie Sie auf Artikel und Anzeigen in Zeitungen, Zeitschriften oder im Fernsehen automatisch aufmerksam werden, welche Sie Ihren Zielen näher bringen. Dies passiert durch die Verankerung Ihrer Ziele und Wünsche im Unterbewußtsein.

Der nächste Schritt ist gegebenenfalls Ihre Wünsche ins Universum zu stellen. Dies kann bewußt durch Meditation erfolgen, welche wir später noch ansprechen werden. Es reicht aber auch schon aus, wenn Ihr Unterbewußtsein weiß, was Sie sich wünschen. Dann werden diese Wünsche schon automatisch ins Universum gesendet und erfüllt. Es handelt sich dabei um Ihre Gedanken. Die Macht der Gedanken ist enorm, man sagt nicht umsonst „Der Glaube versetzt Berge".

Nun kommt der nächste Schritt, die Umsetzung der Ziele und Wünsche. Das Universum kann Ihnen vieles erfüllen, aber Sie müssen Ihren Teil schon dazu beitragen.

Nehmen wir an Sie wünschen sich den Jackpot im Lotto. Das Universum kann Ihnen den Wunsch nicht erfüllen, wenn Sie keinen Lottoschein ausfüllen. Genauso wenig wird sich dieser Wunsch erfüllen, wenn Sie im Unterbewußtsein gar nicht an den Gewinn glauben.

Sie werden ganz nach Ihren Wünschen und Zielen Eingebungen und Ideen bekommen, im Schlaf, auf der Toilette, wo und wann auch immer.

Sie haben daraufhin die Möglichkeit, diese Eingebungen zu verfolgen, um Ihre Ziele zu erreichen, oder aber auch Ihre Eingebungen zu ignorieren.

Das Universum kann Ihnen nur helfen, tun müssen Sie schon selbst etwas für Ihren Erfolg.

Bild 7:   Eingebungen und Ideen verwirklichen

Liebes Universum - Wie werde ich Reich

Wenn Sie wie ich viele Wünsche und Ziele haben, dann bekommen Sie auch viele Eingebungen und Ideen, die Sie verwirklichen wollen.

Was können Sie nun tun um möglichst schnell so viel wie möglich umzusetzen? Sie sollten sich Prioritäten setzen und die wichtigsten Aufgaben zuerst angehen. Und noch ein Tipp von mir, kennen Sie die Pareto-Regel?

Hier eine kurze Darstellung, im Internet gibt es ausführlichere Berichte über die Pareto- oder 80:20 Regel.

Pareto war ein Wissenschaftler der herausgefunden hat, dass wir in 20% der Zeit 80% aller Dinge erledigen können. Für die Feinarbeiten, was ca. 20% der Arbeit ausmacht, benötigen wir 80% der Zeit.

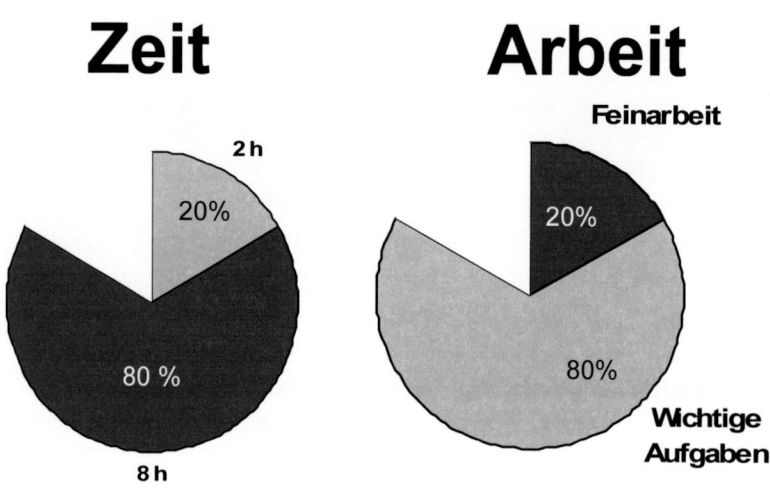

Bild 8:   Pareto- oder 80:20-Regel kurz und bündig

Ganz grob, kurz und bündig gesagt, versuchen Sie nicht alles perfekt zu machen sondern konzentrieren Sie sich auf das Wesentliche und Sie werden viel mehr Leistung bringen.

Erstellen und visualisieren Sie Ihre Wunsch- bzw. Zielliste, damit Sie diese täglich vor Augen haben. Verfolgen Sie Ihre Ziele indem Sie Ihre Eingebungen und Ideen umsetzen. Die meisten Misserfolge basieren darauf, dass die Menschen aufgeben, bevor sich der Erfolg einstellen kann.

6 Geldquellen

Das Geld liegt auf der Straße, wir müssen nur den richtigen Weg finden. Immer wieder erfahren wir durch die Medien, dass irgendwo auf dieser Erde wieder jemand durch eine gute Idee, sei sie noch so verrückt, reich geworden ist. Wir fragen uns dann, warum wir es nicht waren, der diese Idee hatte und umsetzte.

Jeder Markt beginnt mit einer Idee, einer Eingebung vom Universum. Wenn wir unser Unterbewußtsein auf Reichtum, Wohlstand und Überfluss programmiert haben, können auch wir auf eine solche Idee bzw. Eingebung vom Universum hoffen. Es fällt uns zu, wie wir es uns denken, das ist der Zufall.

Ich kann Ihnen versichern, da ich selbst erst kleine Wunder erlebt habe und selbst noch nicht den großen Reichtum besitze, fällt mir dieses Buch von all meinen bisherigen Büchern am schwersten zu schreiben. Aber ich habe einen Vorteil gegenüber vielen anderen Menschen. Ich Glaube daran, dass meine Wünsche alle in Erfüllung gehen. Ich muß Ihnen hier auch nichts vorlügen. Ich könnte Ihnen auch sagen, dass ich von irgendwoher eine Million erhalten habe, was nicht stimmen würde, aber vielleicht würden Sie es mir glauben und dieses Buch wäre schneller ein Bestseller, als wenn ich hier die Wahrheit schreibe. Nein, ich bin einer von Ihnen und mache es so, wie ich es Ihnen hier beschreibe und habe mit diesen Erfahrungen schon einiges erlebt, was für mich schon phänomenal ist.

Wir Menschen haben unterschiedliche Bedürfnisse welche aber im Grunde ähnlich sind und die Abraham Maslow mit seiner Bedürfnispyramide, welche auf der nächsten Seite zu sehen ist, sehr gut dargestellt hat. Im Internet finden Sie viele detaillierte Erklärungen zu diesem Modell. Was mir hier wichtig ist, Geld ist nicht alles. Die Menschen wünschen sich mehr als nur viel Geld. Dinge die man sich mit Geld nicht kaufen kann. Sicherheit, Geborgenheit, Anerkennung und Selbstverwirklichung.

Wenn wir mit unserem Leben zufrieden sind, wie es ist, haben wir bereits vieles davon, denn wir erwarten dann nicht verzweifelt mehr als das was uns gegeben wird. Klar dürfen wir uns über mehr in den unterschiedlichen Bereichen freuen, aber für das Loslassen unserer Wünsche ist die Zufriedenheit erst einmal Voraussetzung.

Wie können wir Heute noch Reichtum, Wohlstand und Überfluss erlangen. Schauen wir uns einmal ein paar Möglichkeiten an.

Bedürfnispyramide nach Abraham Harold Maslow (1908 - 1970)

Bild 9:   Bedürfnispyramide nach Abraham Maslow

„Geld ist nicht alles aber ohne Geld ist alles nichts."

Von Unbekannt

6.1　Gewinnspiele

Fast jeder von uns hat schon bei einem Gewinnspiel mitgespielt. Sei es Lotto, Lotterien, Spielautomaten, im Kasino, auf dem Rummelplatz oder wo auch immer. All diese Gewinnspiele sind dafür ausgelegt, dass der Betreiber Geld damit verdient. Entweder durch den Losverkauf oder durch angegliederte Produkte, die der Spieler zusätzlich angeboten bekommt. Das sollte erst einmal jeder wissen wenn er an einem Gewinnspiel mitmacht.

Eins ist klar, wenn ich nicht mitspiele darf ich mir auch keinen Gewinn erhoffen und der Einsatz, welchen ich nicht ausgebe, ist schon mein Gewinn.

Ich möchte Sie weder zum Gewinnspiel animieren noch davon abhalten. Jeder ist für sich selbst verantwortlich.

Auch hier spielt für mich wieder die Macht unserer Gedanken eine große Rolle. Wenn wir an einem Gewinnspiel teilnehmen, sollten wir auf folgender Checkliste alle Punkte mit „Ja" beantworten können.

Checkliste für Gewinnspiele

Wünsche ich mir den Gewinn?	Ja	Nein
Bin ich es mir Wert den Gewinn zu erhalten?	Ja	Nein
Glaube ich daran, dass ich Gewinnen werde?	Ja	Nein
Gönne ich auch allen Anderen den Gewinn?	Ja	Nein
Kann ich den Einsatz problemlos bezahlen?	Ja	Nein
Andere leiden nicht wegen meiner Teilnahme?	Ja	Nein
Zusatzfrage:		
Habe ich eine Idee/Eingebung vom Universum für die Teilnahme an dem Gewinnspiel erhalten?	Ja	Nein

Bild 10:　Checkliste für Gewinnspiele

Vielleicht klingen für Sie die Fragen auf der Checkliste etwas absurd und spirituell. Dieses ganze Buch ist spirituell und wenn wir hier von der Macht unserer Gedanken reden, dann verstehen wir diese Fragen auch.

Wenn wir uns den Gewinn nicht wünschen, d.h. unser Unterbewußtsein nicht sensibilisieren, kann uns das Universum nicht helfen.

Wenn wir es uns nicht Wert sind den Gewinn zu erhalten oder nicht an einen Gewinn glauben, dann ist dies unser Wunsch ans Universum.

Wenn das Universum unseren Wunsch erkannt hat, kann es sein, dass wir eine Idee bzw. eine Eingebung erhalten, dass wir genau dann an einem Gewinnspiel teilnehmen, wenn wir auch gewinnen werden. Manche nennen so etwas Zufall. Es fällt uns zu. Deshalb ist die Zusatzfrage eigentlich eine sehr wichtige Frage.

Die beiden Fragen zur finanziellen Situation habe ich erwähnt, weil ich einige Menschen kenne, welche zu hohe Einsätze für Glücksspiele ausgeben und dadurch sich selbst und evtl. auch ihre Familien in finanzielle Schwierigkeiten bringen. Dies sollte in jedem Fall vermieden werden. Es sollte stets Geld sein, welches im Verlustfall weder einen Kredit noch einen Engpass für den Familienunterhalt nach sich zieht.

„Zufall ist, wenn Dir etwas zufällt, was Du im Voraus bereits gedacht hast. So spielt die Macht unserer Gedanken."

Manfred Bogenschütz

6.2   Aktien & Co.

Beim Thema Aktien und Geldanlagen haben viele Menschen schon sehr viel Geld verloren. Deshalb habe ich dieses Kapitel mit aufgenommen.

Hier gelten ähnliche Verhältnisse wie ich bei Gewinnspielen aufgenommen habe.

Auch hier ist klar, wenn ich kein Geld investiere darf ich mir auch keinen Gewinn erhoffen. Allerdings sehe ich in der heutigen Zeit Investition nötig, da wir für unser Altersdasein sorgen sollten. Auf Mutter Staat und die gesetzlichen Absicherungen können wir uns nur sehr spärlich verlassen.

Hier gilt natürlich auch, ich möchte Sie weder zum Investieren animieren noch davon abhalten. Jeder ist für sich selbst verantwortlich.

die Macht unserer Gedanken spielt auch hier für mich wieder eine große Rolle. Wenn wir Investitionen tätigen, sollten wir auf folgender Checkliste alle Punkte mit „Ja" beantworten können.

Checkliste für Investitionen

Wünsche ich mir den Geldzuwachs?	Ja	Nein
Bin ich es mir Wert den Geldzuwachs zu erhalten?	Ja	Nein
Glaube ich an die Zuverlässigkeit der Investition?	Ja	Nein
Gönne ich auch allen Anderen Reichtum?	Ja	Nein
Kann ich den Einsatz problemlos bezahlen?	Ja	Nein
Andere leiden nicht wegen meiner Investition?	Ja	Nein
Zusatzfrage:		
Habe ich eine Idee/Eingebung vom Universum für die anstehende Investition erhalten?	Ja	Nein

Bild 11: Checkliste für Investitionen

Vielleicht klingen für Sie auch hier die Fragen auf der Checkliste etwas absurd und spirituell. Sie können auch eine eigene Checkliste anfertigen. Auch hier teile ich Ihnen gerne mit, warum ich diese Fragen ausgewählt habe.

Wenn wir uns den Geldzuwachs nicht wünschen, d.h. unser Unterbewußtsein nicht sensibilisieren, kann uns das Universum nicht helfen.

Wenn wir es uns nicht Wert sind den Geldzuwachs zu erhalten oder nicht an den Erfolg der Investition glauben, dann ist dies unser Wunsch ans Universum.

Wenn das Universum unseren Wunsch erkannt hat, kann es sein, dass wir eine Idee bzw. eine Eingebung erhalten, dass wir genau dann an investieren, wenn wir auch erfolgreich mit der Geldanlage sein werden. Manche nennen so etwas Zufall. Es fällt uns zu. Deshalb ist die Zusatzfrage eigentlich eine sehr wichtige Frage.

Die beiden Fragen zur finanziellen Situation habe ich erwähnt, weil ich einige Menschen kenne, welche zu hohe Einsätze für zum Teil hochspekulative Investitionen ausgeben und dadurch sich selbst und evtl. auch ihre Familien in finanzielle Schwierigkeiten bringen. Dies sollte in jedem Fall vermieden werden. Es sollte stets Geld sein, welches im Verlustfall weder einen Kredit noch einen Engpass für den Familienunterhalt nach sich zieht. Für eine Investition sollte unbedingt genau kalkuliert werden, ob ein Kredit dafür in Anspruch genommen wird. Für Aktien, Aktienfonds und sonstigen Wertpapieren ist dies nicht empfehlenswert, da das Geld einen Totalverlust erleiden könnte. Bei Immobilien sieht die Sache etwas anders aus. Einen allgemeingültigen Rat möchte ich aber niemand geben. Hören Sie auf Ihr Bauchgefühl.

„Eine Investition ist wie ein Luftballon. Sie kann wachsen aber auch platzen."

Manfred Bogenschütz

6.3 Internet

Das Internet bietet unzählige Möglichkeiten um Geld zu verdienen. Ich bin selbst kein Profi aber ein paar Empfehlungen möchte ich Ihnen mit auf den Weg zum Erfolg geben. Auf meiner Homepage finden Sie auch immer wieder Empfehlungen, welche ich ausprobiert habe und gut finde.

Die eigene Homepage:

Mit einer eigenen Homepage kann man sich selbst, Produkte, Dienstleistungen und vieles mehr anbieten und vermarkten. Jedoch müssen erst einmal Besucher auf die Webseite kommen.

Bei der Homepagegestaltung ist besonders auf ein ausführliches Impressum und die Distanzierung von externen Links zu achten, da diese beiden Punkte abgemahnt und mit Geldstrafen geahndet werden können.

Es gibt viele Möglichkeiten und Anbieter um eine Homepage zu erstellen. Wenn Sie Ihre Homepage extern erstellen lassen, also nicht selbst erstellen, sollten Sie in jedem Fall darauf achten, dass Sie spätere Änderungen selbst vornehmen können, denn eine Homepage sollte mindestens wöchentlich aktualisiert werden. Eine Homepage, welche nicht ständig aktualisiert wird, wird von Suchmaschinen schlechter bewertet und auch für Ihre Besucher uninteressant.

Die gute Idee:

Jede Dienstleistung, jedes Produkt, einfach alles, entsteht aus einer Idee. Was sind unsere Ideen? Eingebungen vom Universum?

Seit ich mich mit der Macht unserer Gedanken befasse und täglich über die Worte *„Liebe, Gesundheit, Friede, Glück, Erfolg, Reichtum, Wohlstand und Überfluss"* meditiere, bekomme ich so viele Eingebungen wie nie zuvor. Das bedeutet für mich, dass das Universum durch mein Unterbewußtsein weiß, was ich will und mir in allen Bereichen helfen möchte, diese Begriffe Wirklichkeit werden zu lassen. Ich setze Schritt für Schritt diese Eingebungen um. Die Erfolge stellen sich auch Schritt für Schritt ein.

Wir benötigen also Ideen, Umsetzungskraft und Geduld. Ihre Ideen verdanken Sie Ihrem Denken, Die Umsetzungskraft und Geduld liegt genauso bei Ihnen. Nur Sie allein bestimmen Ihr Leben.

Die Vermarktung:

Das Internet bietet viele Möglichkeiten der Vermarktung. Wichtig ist, dass Sie Besucher auf Ihre Internetseite bekommen. Sie können durch Verlinkung anderer Seiten auf Ihre Seite Besucher anziehen. Oft genügt ein Gegenlink von Ihrer Seite auf die verlinkte Seite.

Sie können auch in Blogs, Chats, Foren, Online-Zeitungen, etc. auf Ihre Homepage aufmerksam machen.

Ein weiteres sehr interessantes Tool ist Google. Die wenigsten kennen die umfangreichen Google-Tools. Bei Google-Adwords zum Beispiel können Sie Ihre Werbeanzeigen schalten, welche beim Suchen auf der Google-Suchmaschine bei von Ihnen bestimmten Suchwörtern Ihre Anzeige schaltet. Sie bezahlen dabei eine von Ihnen maximal festgelegte Summe pro klick und auch nur, wenn der Google-Besucher auf Ihre Seite klickt, also nicht für die Anzeigenschaltung an sich.

„Alles was Sie tun sollte von Herzen kommen. Vertrauen Sie auf Ihr Bauchgefühl. Geben Sie nicht auf. Die meisten Menschen scheitern weil Sie vor dem Ziel aufgeben. Fast jeder Erfolg hatte einen Weg der durch Täler führte."

Manfred Bogenschütz

6.4   *Passives Einkommen*

Was ist ein passives Einkommen? Die meisten Menschen arbeiten und bekommen Geld für ihre Arbeit. Wenn sie arbeiten, gibt es also Geld. Was ist aber wenn sie nicht arbeiten? Im Krankheitsfall und während ihres Urlaubes sowie im Rentenalter erhalten sie natürlich auch einen Teil ihres Einkommens. Aber ansonsten gibt es nichts.

Ein passives Einkommen hingegen erhält man für eine Leistung, welche man einmal erbracht hat, immer wieder. Die meisten solcher passiven Einkommen bedürfen einer vorherigen, oft unentgeltlichen Leistung.

Ich kann jedem nur empfehlen sich so viele passive Einkommen wie nur möglich zu erschaffen. Durch solche passive Einkommen werden Sie zunehmend unabhängiger und erhalten evtl. selbst im Rentenalter noch zusätzliche Gelder, für die sie nichts mehr tun müssen. Manche passive Einkommen sind sogar vererbbar.

Ich möchte hier ein paar solchen passiven Einkommen vorstellen. Sicher gibt es noch viele weitere.

Geldanlage:

Eine Geldanlage erwirtschaftet Ihnen Tag für Tag Zinsen und oder Spekulationsgewinne. Durch den Zinseszins-Effekt vermehrt sich das Geld immer mehr, wenn Sie die Zinsen bzw. die Spekulationsgewinne nicht aus dem Topf nehmen.

Eine spekulative Geldanlage kann aber auch Ihr Geld vernichten. Setzen Sie daher stets den größten Teil Ihres Vermögens auf sichere Geldanlagen, wenn man in der heutigen Finanzkrise noch von sicher sprechen kann. Ein Teil in Immobilien anzulegen ist sicher eine Risikominimierung, aber da ich kein Finanzberater bin, möchte ich hier keine Ratschläge geben.

Außerdem setzt eine Geldanlage voraus, dass Sie etwas Geld zum Anlegen haben oder Sie konsequent jeden Monat einen Teil Ihres Einkommens sparen.

Network Marketing:

Kennen Sie Network Marketing? Auch bekannt durch Strukturvertrieb. Und für viele als verrufen bekannt unter Schneeball-System. Ein seriöses Network Marketing-System sollte aber nicht mit dem Schneeball-System verwechselt werden. Was ist der Unterschied? Beim Schneeball-System gibt es ein paar

Gewinner und viele Verlierer. Beim Network Marketing gibt es aber viele Gewinner und keine Verlierer. Wer etwas tut verdient dabei, wer nichts tut verdient nichts aber verliert auch nichts, außer vielleicht ein paar Gebühren für die Bearbeitung seiner Teilnahme. Beim Network Marketing ist es so, dass jeder Teilnehmer die Produkte oder Dienstleistungen des Network-Unternehmens weiter empfiehlt und durch die Empfehlung z.B. Provisionen erhält. Dabei kann jeder Teilnehmer wiederum weitere Network-Teilnehmer werben, welche sich über ihn beim Network-Unternehmen einschreiben. Empfiehlt nun dieser neue Teilnehmer ebenfalls die Produkte oder Dienstleistungen des Network-Unternehmens weiter, erhalten beide als Empfehler eine Provision, die sich bei den unterschiedlichen Network-Unternehmen unterschiedlich zusammensetzen. Die Hauptprovision erhält in der Regel der direkte Kontakt zum Endkunden. Provisionen werden je nach Network-Unternehmen auf unterschiedlich viele Empfehlungs-Ebenen ausbezahlt. Wenn Ihnen meine Kurzbeschreibung zu kompliziert ist, setzen Sie sich mit mir in Verbindung. Ich erkläre Ihnen gerne bei einem persönlichen Gespräch die Zusammenhänge an einem konkreten Beispiel. Ich bin selbst bei verschiedenen Network-Unternehmen Empfehlungsgeber, um mein passives Einkommen zu verbessern.

Bücher, CD's, DVD's, etc.

Auch dieses Buch, welches Sie hier lesen ist Teil meines passiven Einkommens, welches ich mir zunehmend verschaffe. Die Erstellung und Anfangsvermarktung eines solchen Buches oder auch einer CD, DVD oder ähnlichem, kostet erst einmal mehr oder weniger viel Zeit und Geld. Wenn aber erst einmal ein paar Exemplare verkauft sind und diese überdurchschnittlich gut sind, werden diese Produkte weiterempfohlen und Sie erhalten je nach Vertragsvereinbarung Provisionen, Tantiemen oder was es sonst noch für Vergütungssysteme gibt. Die wenigsten Autoren, Musiker oder Schauspieler können von solchen Einnahmequellen finanziell leben, aber viele Zusatzeinkommen können auch zum Erfolg führen. Wenn solch ein Produkt zum Bestseller wird, dann hat man es ohnehin geschafft.

„Erschaffen Sie sich eine Geldkuh und melken sie."

Manfred Bogenschütz

6.5   Erfolgsjob

Was meine ich mit Erfolgsjob?

Ein Job, der Spaß macht und mehr Geld einbringt als wir für unseren täglichen Lebensunterhalt benötigen.

Wenn ein Job Spaß macht, ist es viel einfacher, eine gute Karriere zu durchlaufen. Denn wenn wir Spaß an unserer Arbeit haben, machen wir diese besser, mit weniger Fehler und sind dadurch erfolgreicher.

Wie finden wir nun einen solchen Job?

Ganz einfach. Wir wünschen uns von ganzem Herzen einen Job, der uns Spaß macht, z.B. bei unserer täglichen Meditation. Wir setzen uns Ziele, welche wir erreichen möchten. Dann lassen wir von unserem Wunsch los, indem wir unsere aktuelle Arbeitssituation so akzeptieren wie sie ist. Unser Unterbewußtsein kennt nun unseren Wunsch und wir werden immer wieder Eingebungen erhalten, was wir verändern bzw. zusätzlich tun können.

Nun gilt es, die Eingebungen umzusetzen. Unsere einmal gesetzten Ziele sind keine statischen Ziele. Sie können, ja, Sie sollten sogar, immer wieder Ihre Ziele anschauen und überarbeiten. Jeder Mensch verändert sich immer wieder in seinem Leben und unsere Ziele und Wünsche von gestern können heute schon wieder ganz anders aussehen.

Am Besten erkennt man dies, wenn man seinen Traumjob noch nicht gefunden hat. Dann hat man öfter das Bedürfnis, etwas anderes zu tun. Wer seinen Traumjob gefunden hat, blüht in seiner Arbeit regelrecht auf und hat kaum das Bedürfnis, eine andere Arbeit verrichten zu wollen. Wenn dem so ist, dann stellt sich auch meist Erfolg ein. Es muß sich dabei nicht einmal um den großen Geldsegen handeln. Selbst bei Tätigkeiten, welche viele Menschen als stupide halten würden, gibt es Menschen, welche richtig Spaß an der Arbeit haben.

Hierzu ein Beispiel. Ein Verwandter von mir ist seit vielen Jahren in der Produktion als Orgelpfeifenbauer tätig. Er macht tagein tagaus immer wieder dieselben Pfeifen. Mir wäre diese Arbeit zu eintönig. Bewundernswert macht meinem Verwandten diese Arbeit total Spaß und er blüht dabei richtig auf. Er nimmt sich sogar Arbeit von seiner Firma mit nach Hause und arbeitet so auch von Zuhause aus. Tag für Tag dasselbe. Ich kann Ihnen versichern, dieser Mann ist glücklicher als viele andere Menschen, ist kaum krank und steht bei seinem Chef stets als Rechte Hand da. Glauben Sie, dass dieser Mann mehr verdienen wird als seine Kollegen, dass dieser Mann keine berufliche Sicherheit fürchten muß und dass er glücklicher in seinem Job ist als 80% der arbeitenden Bevölkerung? Ich glaube dass dem so ist. Mit einer Arbeit, die in dieser Konstellation viele Menschen mit Widerwillen betreiben. Arbeiten am Band und viele weitere Tätigkeiten sind wie diese Arbeit täglich gleich. Wir sollten unsere Arbeit lieben oder uns die Arbeit suchen, welche wir lieben können.

Auch ich liebe meine Arbeit. Dieses Buch ist eine von vielen Tätigkeiten, die ich mit Spaß erledige.

Fas jeder Weltmeister und erfolgreiche Geschäftsmann, auch hier gilt wie immer männlich wie weiblich, hat seinen Erfolg durch sein unermüdliches durchsetzen seines Hobbies, der Arbeit die ihm Spaß macht oder seiner noch so originellen Idee zu verdanken.

Egal was Sie tun, machen Sie ihre Arbeit zum vergnügen.

Bild 12: Spaß an der Arbeit

6.6   *Geld vom Universum*

Dieses Kapitel trifft für alle vorgenannten und sonstigen Geldquellen zu. Vielleicht trifft bei Ihnen eine Geldquelle ein, von der Sie bisher noch gar nichts wussten.

Geld vom Universum? Vielleicht fragen Sie sich, ob da ein Engel angeflogen kommt und Ihnen einen großen Koffer voller Geld oder Goldmünzen vorbeibringt? Wäre schon toll so ein Koffer wie Pippi Langstrumpf hatte, oder einen Goldesel wie im Märchen der Gebrüder Grimm.

Märchen sind zwar sozusagen frei erfunden aber haben sie nicht doch einen Funken Wahrheit? Bösewichte erhalten Ihre Strafen, Ehrlichkeit und Fleiß wird belohnt und die Liebe siegt immer. Ist das wirkliche Leben nicht ähnlich?

Sprichwörter wie *„Wer anderen eine Grube gräbt, fällt selbst hinein"*, *„Was Du säst erntest Du"* und vielleicht fallen Ihnen noch viele weitere ein, sind ebenfalls nicht ganz aus der Luft gegriffen.

„Es fällt Dir zu was Du erdenkst."

Manfred Bogenschütz

Und da sind wir schon beim Universum. Sie können es auch anders nennen. Gott, Teufel, Engel, Ihre Seele, Ihr Schöpfer, ganz wie Sie wollen.

Unsere Gedanken bestimmen unser ganzes Leben. Die Macht unserer Gedanken ist enorm. Wenn wir Schlechtes denken widerfährt uns Schlechtes. Denken wir Gutes, erfahren wir Gutes. Denken wir an Liebe und senden diese aus bekommen wir eine geballte Ladung Liebe zurück. Denken wir ständig an Krankheiten werden bzw. bleiben wir nur spärlich Gesund. Denken wir an Reichtum werden wir …

Arm? Nein, es sei denn wir glauben nicht an die Macht unserer Gedanken und beneiden oder hassen gar immer nur andere reiche Menschen und handeln stets egoistisch.

Wie bereits in den ersten Kapiteln beschrieben wurde, bedarf es zur Erfüllung unserer positiven Wünsche einer rein positiven Einstellung in allen

Lebensbereichen. Negative und positive Wünsche könnten sich gegenseitig aufheben.

Ich habe bereits das Beispiel aufgezeigt, dass sich der positive Wille zur Gesundheit mit dem negativen Wunsch, nicht zur Arbeit gehen zu wollen, gegenseitig behindert.

Auch der Wille, einen Gewinn im Lotto zu erzielen verträgt sich nicht mit dem Glauben, dass die Chancen viel zu gering sind.

An dieser Stelle ein weiteres Beispiel zur Verdeutlichung.

Wenn ich mir Reichtum wünsche, z.B. Geld oder ein eigenes Haus oder ein Auto, oder was auch immer, ich aber gleichzeitig ständig daran denke, was für ein Pechvogel ich bin, weil mir alles mögliche Schlechte in der Vergangenheit widerfuhr, kann das Universum nicht erkennen, welchen Wunsch ich wirklich habe. Auf der einen Seite wünsche ich mir in diesem Fall Geld, ein eigenes Haus oder ein Auto, auf der anderen Seite Pech. Denn das Universum kann nicht unterscheiden, dass ich das Pech nicht will. Es weiß nur, dass ich daran denke und alles was ich denke ist für das Universum mein Wunsch.

Alles nicht so einfach, nicht wahr? Oder vielleicht zu einfach? Alles Blödsinn? Auch wenn Sie dies denken wird es für Sie so sein. Es kommt so, wie Sie es sich denken.

„Gott hat uns schon genial erschaffen. Einfach nur denken und es geschieht nach unserem freien Willen."

Manfred Bogenschütz

7 Wie werde ich nun reich

Jetzt geht's los.

Nein. Es hat bereits mit dem ersten Kapitel angefangen. Wie bereits am Anfang des Buches erwähnt, bedarf es einem ganzheitlich positiven Denken um ein glückliches Leben zu führen.

Auch für den Reichtum ist ein solches ganzheitlich positives Denken erforderlich.

Sie können auch versuchen, ob Sie mit einem Banküberfall oder sonstiger Gaunerei Glück haben. Es gibt ja genügend Gauner auf dieser Erde. Die meisten Bankräuber oder sonstigen Gauner werden aber gefasst und ob das Leben hinter Gittern wirklich glücklich ist, mag ich zu bezweifeln. Also lassen wir das lieber sein.

Wir machen es viel einfacher.

Wir nehmen nun unsere Ziel- bzw. Wunschliste, welche wir während des Lesens dieses Buches erstellt haben zur Hand. Was, Sie haben Ihre Ideen nicht aufgeschrieben? Das glaube ich Ihnen sofort. Sonst wären Sie eine Ausnahme von sicher weniger als 1% der Leser. Vielleicht haben Sie auch schon 5 ähnliche Bücher über *„Positives Denken", „Die Macht unserer Gedanken"* und *„Bestellungen im Universum"* gelesen und nichts hat sich verändert.

Keine Angst, mir ging es bis 2005 genau so. Ich habe viele solche Bücher gelesen aber nichts davon umgesetzt. Bis ich 2005 mir wirklich mal die Zeit nahm, um das gelesene aus zu probieren. Und siehe da, wenn man es tut, funktioniert es auch. Wenn ich etwas nicht tu, dann brauche ich mich nicht wundern, wenn sich das Ergebnis des Nichtstuns auch in Nichtsgeschehen einstellt.

Also erstellen wir nun erst einmal unsere Wunschliste. Je mehr Wünsche, desto besser.

Pause bis zur ersten konzeptionellen Wunschliste.

Nun nehmen wir unsere Wunschliste zur Hand und priorisieren sie. Wir können zum Beispiel wichtigere Wünsche mit 1 oder A kennzeichnen, die weniger wichtigen dann mit 2, 3, … oder B, C, …

Unser Unterbewußtsein sollte von der Wunscherfüllung überzeugt sein, d.h. Sie sollten an die Erfüllung der Wünsche glauben und ganzheitlich in allem positiv denken.

Nun können Sie jeden Tag einen anderen Wunsch der Reihe nach ins Universum senden. Ich habe erwähnt, je mehr Wünsche desto besser. Je mehr Wünsche Sie haben, desto besser können Sie nach jeder Wünscherfüllungs-Meditation besser gedanklich davon loslassen. Wünsche erfüllen sich nämlich erst, wenn Sie davon losgelassen haben. Ihr Unterbewußtsein muß zwar Ihren Wunsch kennen, was durch Ihr positives Denken automatisch passiert, aber bewußt sollten Sie nicht ständig an die Erfüllung denken. Je mehr Sie bewußt an Ihren Wunsch denken, zweifeln Sie an dessen Erfüllung und Zweifel ist als wenn Sie nicht an die Erfüllung glauben würden.

Nun widmen wir uns erst einmal der Wunscherfüllungs-Meditation. Durch rein positives Denken werden zwar Ihre Wünsche automatisch ins Universum gesendet, aber durch Meditation können Sie Ihr Unterbewußtsein beeinflussen um zunehmend immer mehr positiv zu denken.

Bild 13: Erfolgslinie

7.1 Wunscherfüllungs-Meditation

Sie sind auf der Suche nach Reichtum, Wohlstand, Überfluß? Oder Sie wollen sich irgendwelche Wünsche erfüllen und Ihre Zukunft verbessern?

Nehmen Sie Ihre Zukunft einfach selbst in die Hand.

Nehmen Sie sich die Zeit zur Meditation für Ihr glückliches Leben in Reichtum, Wohlstand und Überfluß und finden Sie Ihren Weg.

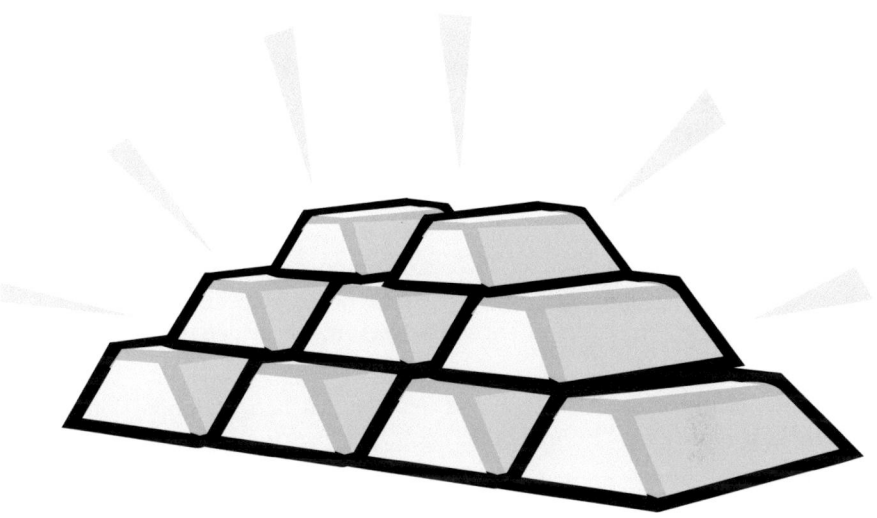

Bild 14: Goldbarren als Symbol für Reichtum

Die Wunscherfüllungs-Meditation

Bestellungen im Universum sind so eine Art Gebete. Sie versetzen sich in die Lage, Ihr Unterbewusstsein anzusprechen um somit Ihre Gedanken bewusst mit Ihren Wünschen zu versehen, so dass die Macht Ihrer Gedanken positiv beeinflusst wird.

Liebes Universum - Wie werde ich Reich

Vorbereitung

Bevor Sie Ihren finanziellen oder auch sonstigen Wunsch beim Universum bestellen, sollten Sie wissen, was Sie sich wirklich wünschen, denn es könnte sein, dass diese Meditation Ihnen den Wunsch erfüllt, sonst würden Sie es ja nicht ausprobieren. Wenn Sie nicht wissen, was Sie sich wünschen, dann bestellen Sie sich am besten ein glückliches Leben, ohne konkrete Angabe irgendwelcher besonderen Wünsche.

Sie können sich wünschen was immer Sie wollen, solange Sie an die Erfüllung der Wünsche glauben und ganzheitlich positiv denken.

Atmen Sie tief in Ihren ganzen Körper. Dabei sagen Sie, mit Worten oder in Gedanken: *„Ich bin ruhig, mein ganzer Körper ist ruhig"*. Sie können auch ähnliche Sätze verwenden, welche Sie für Ihre persönliche Entspannung bevorzugen.

Wenn Sie Wünsche ins Universum senden wollen, sollten Sie diese Atemübung solange machen, bis Sie merken, dass Sie in eine tiefere Ebene geraten, ich nenne es den Alphazustand. Um dies zu erreichen, können Sie zum Beispiel auch von Hundert auf Null zurückzählen und sich dabei immer wieder sagen *„Ich gehe in den Alphazustand"*, und bei Null angekommen, *„Ich bin im Alphazustand"*. Je öfter Sie die Übungen machen, reicht es mit immer kürzeren Zählphasen, so dass Sie vielleicht nur noch von Fünf auf Null zählen müssen, um den Alphazustand zu erreichen. Das Zählen ist aber nicht dringend erforderlich, es kann Sie nur unterstützen, in den Alphazustand zu kommen.

Sie sollten sich vor der Übung genau bewusst machen, welchen Wunsch sie erfüllt haben wollen. Führen Sie auch für jeden Wunsch eine eigene Meditation durch.

Wunscherfüllung

Versetzen Sie sich in den Alphazustand.

Sie atmen tief in jeden Teil Ihres ganzen Körpers. In die Arme, Hände Finger. In den Bauch, die Geschlechtsorgane, die Beine, Waden, Füße bis zu den Zehen. Ins Herz, die Stirn und bis über den Kopf.

Sagen Sie dabei: *„Ich bin ruhig. Mein ganzer Körper ist ruhig und völlig entspannt."* Wiederholen Sie diesen Satz solange, bis Sie sich völlig entspannt fühlen. Wenn Sie noch keine völlige Entspannung erreicht haben und Sie noch nicht merken, dass Sie sich in einer tieferen Ebene befinden, dann zählen Sie wie oben beschrieben von irgendeiner beliebigen Zahl zurück auf Null.

Nachdem Sie im Alphazustand angekommen sind, senden Sie Ihren Wunsch ins Universum. Sagen Sie dann Ihren Wunsch so, als wäre er schon eingetroffen. Beispiel: *„Ich möchte gerne ein Haus am Meer. Es gefällt mir, ein Haus am Meer zu haben. Ich lebe gerne in meinem Haus am Meer. Es ist so schön in meinem Haus am Meer. Ich lebe in meinem Haus am Meer. Ich liebe alle und alles. Danke Universum. Danke Gott."*

Auch hier können Sie sagen, was immer Ihr Bauchgefühl für richtig befindet. Sagen Sie aber nie, dass der Wunsch irgendwann in der Zukunft eintreffen soll. Die Zukunft kann noch weit in der Ferne liegen. Heute ist ihr bester Tag. Morgen kommt nie. Morgen ist morgen wieder erst morgen.

Abschluss jeder Bestellung im Universum

Zum Schluss jeder Bestellung müssen Sie langsam wieder zurück in die Realität kommen. Wenn Sie sich in den Alphazustand versetzt haben, dann zählen Sie nun wieder von Null bis Fünf und sagen Sie dann *„Ich verlasse nun den Alphazustand wieder"*. Dann strecken Sie sich und bewegen Sie langsam wieder ihren ganzen Körper. Die Übung ist zu Ende.

Suchen Sie nach einer solchen Meditation nicht verzweifelt nach der Erfüllung Ihres Wunsches. Das Universum kennt durch Ihr Unterbewußtsein Ihren Wunsch und wird ihn zu gegebener Zeit erfüllen.

Sie brauchen einen Wunsch auch nicht mehrmals bestellen. Wichtig ist, dass Ihr Unterbewußtsein Ihren Wunsch kennt.

Vielleicht entdecken Sie künftig Anzeigen in Zeitungen oder treffen Menschen, die Ihnen Hinweise auf die Erreichung Ihrer Ziele geben. Vielleicht erhalten Sie Eingebungen, Ideen oder Träume, welche Sie verfolgen sollten. Alles ist möglich. Wie ich Ihnen bereits mitteilte, bekomme ich viele solche Eingebungen, seit ich mich mit diesem Thema befasse.

„Es gibt Tage da läuft alles schief und Tage wo unglaubliches geschieht."

Manfred Bogenschütz

Bild 15: Reichtum ist greifbar nahe

„Nutzen Sie die unglaublichen Tage und danken Sie auch für die schlechten Tage, denn auch sie haben ihren Sinn um zu lernen."

Manfred Bogenschütz

7.2   Was ist nun zu tun?

Wir haben unsere Wünsche und Ziele aufgeschrieben, unserem Unterbewußtsein klar gemacht, was wir erreichen wollen und senden diese Wünsche Tag für Tag, einen nach dem anderen, ins Universum.

Ab sofort senden wir jeden Tag an alle und alles Liebe, Dankbarkeit und Friede. Wir danken für jeden Sonnenstrahl, jeden Regen, jeden Schnee und für jede Wolke, die uns Schatten spendet. All dies hat seinen Sinn und Zweck und wir freuen uns darüber.

Wir lieben unsere Feinde, unseren Partner sowie alle anderen Menschen, Tiere und Pflanzen. Jede Liebe die wir aussenden kommt geballt vielfach auf uns zurück. Diese Reaktion muß nicht von denselben Personen, Tieren und Pflanzen zurück kommen. Wir haben somit gar keine Feinde mehr und manche Menschen werden uns mehr mögen als je zuvor.

Wir gönnen allen Menschen, Tieren und Pflanzen Glück, Erfolg, Reichtum, Wohlstand und Überfluß ohne jeglichen Geiz, Neid, Egoismus oder Hass. Wenn wir auch anderen dieses Glück gönnen, verankern sich diese Gedanken in unserem Unterbewußtsein und werden als Wünsche vom Universum erkannt und erfüllt. Wenn wir aber anderen dieses Glück nicht gönnen, kann das Universum diese Gedanken als Wünsche für uns selbst erkennen und uns solche Missgunst als Wunsch erfüllen. Es sind ja unsere Gedanken und somit unsere Wünsche.

Nun lassen wir von all unseren Wünschen los, indem wir mit allem was wir bereits haben ganz und gar zufrieden sind und für alles was wir bereits erreicht haben oder noch erreichen werden danken und uns darüber freuen. Wir sollten uns für jeden kleinen Schritt auf der Leiter unseres Erfolges freuen und bedanken. Wie soll das Universum erkennen dass wir mehr wollen, wenn wir uns über kleine Schritte negativ äußern. Der 100,-EUR Lotteriegewinn war uns zu wenig. Also sagt das Universum, einen Gewinn möchte dieser Mensch nicht. Wenn wir uns über 100,-EUR bei der Lotterie freuen, sagt das Universum schon eher, es gefällt dem Menschen, wenn er gewinnt, also warum dann beim nächsten mal nicht mehr? Genauso verhält es sich bei der Arbeit, der Gesundheit, usw.

Wer sich über seine Erkältung, Rückenschmerzen oder schwere Krankheit ärgert denkt an Krankheit. Das Universum sagt sich somit, der Mensch will krank sein. Freuen Sie sich aber über jeden Tag an dem Sie gesund sind und bedanken sich dafür, sind dies Ihre Gedanken und das Universum weiß, dass Sie sich Gesundheit wünschen.

Wer jeden Tag ungern zur Arbeit geht, der denkt an seine schlechte Arbeit oder möchte vielleicht nicht zur Arbeit gehen. Das Universum hat viele Möglichkeiten, diesen Wunsch zu erfüllen. Er schenkt diesen Menschen den Wunsch nach immer mehr schlechter Arbeit oder schenkt dem Menschen eine Krankheit, damit er nicht zur Arbeit muß. Dies sind nur zwei von Millionen Möglichkeiten.

Bild 16:   Wünsche ins Universum senden

„Wünsche sind Gebete."

Manfred Bogenschütz

7.3   *Was sollte ich nicht mehr tun?*

Hier gilt natürlich genau das Gegenteil als im letzten Kapitel.

Wenn Sie sich mit dem Thema, der Macht unserer Gedanken, beschäftigen, bemerken Sie, dass immer wieder negative Gedanken durch unseren Kopf schwirren. Diesen Gedanken sollten Sie sich nicht mehr widmen.

Was passierte bei Adam und Eva? Sie lebten im Paradies, wie wir auf der Erde übrigens auch alle, und bekamen immer wieder schlechte Gedanken als Eingebung. Solange sie sich den schlechten Gedanken nicht widmeten, war alles völlig in Ordnung und sie lebten glücklich und zufrieden.

Eines Tages aber gaben sie der Versuchung nach und das Paradies war dahin, so wie bei den meisten Menschen auf der Erde auch.

Wir haben unseren freien Willen und sind alle für uns selbst verantwortlich. Was können wir nun tun, wenn uns schlechte Gedanken durch den Kopf schwirren? Wir verwandeln sie umgehend. Wir lassen keinen Hass, Neid, Geiz, Gewalt usw. mehr zu. Das ist für viele eine schwierige Aufgabe. Menschen, die einem böses angetan haben, zu vergeben. Menschen, denen das Glück zu Füßen liegt, nicht neidisch zu sein, wenn einem selbst jeden Tag negatives widerfährt. Einem Menschen, der mir Gewalt antut, nicht mit Gewalt zu erwidern, usw.

Aber was tat Jesus, was tut der Papst, Propheten, Heilige und was machen viele glückliche Menschen? Genau das was ich hier schreibe.

„Liebe Deine Feinde.“

Jesus Christus

Geben Sie einmal in einer Internetsuchmaschine „Papst", „Buddha", oder irgend einen Heiligen, Propheten oder ähnliches zusammen mit dem Wort „Vergebung" oder „Liebe" ein. Sie erhalten jeweils viele hunderte von Seiten. Denn all diese Menschen, Heiligen, usw. lehren diese Weisheiten und würden niemals heilige Kriege führen, Hass, Neid, Gewalt oder ähnliches ausüben. All dies machen andere Menschen.

Bild 17: Gewalt und Krieg

„Gewalt, Krieg, Hass, Neid, Geiz, usw.

Alles von Menschen erschaffen.

Was wir erschaffen haben, können wir auch wieder abschaffen, oder?"

Manfred Bogenschütz

7.4   *Schlusswort des Autors zum Thema*

Ich habe Ihnen bereits geschrieben, dass ich selbst noch nicht reich in Bezug auf meine finanziellen Verhältnisse bin.

Sie haben auch einige meiner Erfahrungen gelesen und gesehen, dass durch die Macht meiner Gedanken sich einiges bei mir verändert hat. In meinem Buch „Glücklich Leben im Paradies Erde" sowie in meinen anderen Büchern können Sie noch viele weitere Erfahrungen von mir nachlesen.

Da sich bei mir durch die Umsetzung dessen, was ich in all meinen Büchern für Sie zur Nachahmung und Nachweise schreibe, mein Leben sehr positiv entwickelt, sehe ich meiner Zukunft gelassen entgegen.

Auch wenn ich keine Millionen habe lebe ich mit meiner Lebenspartnerin nähe Bodensee sehr glücklich und ich bin mir sicher, dass sich noch alle bzw. viele unserer Wünsche erfüllen werden.

Ich wünsche auch Ihnen, liebe Leserinnen und Leser, dass sich all Ihre Wünsche erfüllen werden.

Ich habe Ihnen auch schon erzählt, dass ich ständig neue Eingebungen bzw. Ideen erhalte und diese nacheinander umsetze. Immer wenn ich eine neue Aktivität habe, welche ich auch anderen empfehlen möchte, steht diese auf meiner Homepage für Sie zur Verfügung. Schauen Sie deshalb immer wieder auf meine Seite www.Bogenschuetz.eu und machen Sie einfach bei den Ideen, welche für Sie geeignet sind, mit. Vielleicht werden wir gemeinsam erfolgreich.

Versteifen Sie sich nicht zu sehr auf viel Geld. Es gibt viele Menschen, welche mit wenig Geld sehr glücklich und reich sind.

Auch ich sehe meinen Reichtum bereits in der Partnerschaft und dass ich glücklich lebe.

„Freuen Sie sich über jeden neuen Tag der Ihnen geschenkt wird."

Manfred Bogenschütz

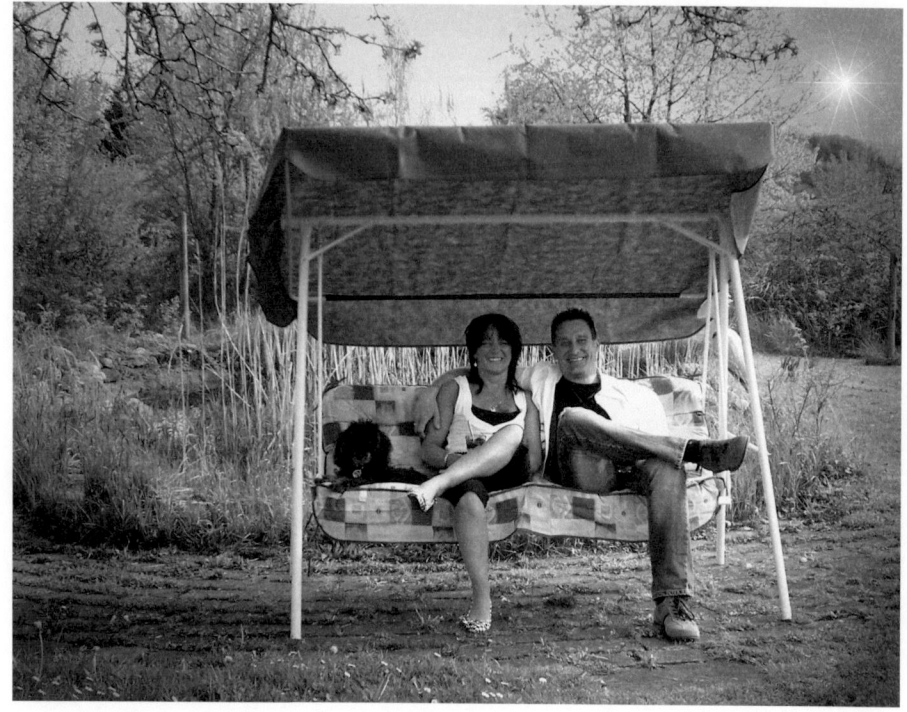

Bild 18: Einfach nur glücklich sein

„Reichtum, Wohlstand und Überfluss ist keinesfalls auf viel Geld zu haben beschränkt."

Manfred Bogenschütz

8 Zusammenfassung und Kernaussage

Dieses Buch kann Ihr Leben positiv verändern. Es kann Ihnen einen Weg in ein glückliches Leben aufzeigen aber es kann Ihnen Ihren freien Willen, was Sie tun und lassen, nicht abnehmen.

Sicher gibt es noch unzählige andere Wege Ihre Wünsche zu erfüllen und ein glückliches Leben zu erreichen. Die hier beschriebenen Einzelheiten basieren auf meinen Erfahrungen und sind sicher nicht Allwissend und Alleingültig.

Mit der Kraft Ihrer Gedanken können Sie sich ein glückliches Leben erschaffen. Alles, was Sie in Ihrem Leben bisher erlebt und erschaffen haben, verdanken Sie Ihren positiven sowie negativen Gedanken.

Wir alle werden vorurteilslos geboren. Bereits in unserer Kindheit wurden die Meisten von uns durch negative Suggestionen negativ beeinflusst. Wenn erst einmal negative Gedanken in uns erschaffen sind, erleben wir die ersten negativen Erlebnisse und unsere negativen Gedanken verstärken sich immer mehr. Natürlich haben wir auch positive Gedanken. Wir verlieben uns und Liebe als wichtigstes Element in unserem geistigen Unterbewußtsein ermöglichen uns positive Veränderungen.

Die Erde ist ein Paradies. Alles was wir benötigen, gibt es in Hülle und Fülle. Schauen Sie sich die Natur an. Welche Pracht stellen die Pflanzen und Tiere in unserer Natur da? Sie kennen keine negativen Gedanken. Gott kleidet und ernährt Sie mit allem, was sie brauchen.

Wenn wir uns ein positives, glückliches Leben im Paradies Erde wünschen, sollten wir wie unsere Kinder in unseren ursprünglichen Zustand zurück. Wir sollten unsere negativen Gedanken aus unserem Gedächtnis verbannen und nur noch positiv Denken und Handeln.

All unsere Gedanken werden vom Universum aufgenommen und als Wünsche für uns realisiert. Dies stellt ein Naturgesetz dar. Wir können dieses Naturgesetz Aktion = Reaktion nennen. Es bedeutet, dass alles, was wir tun oder mit unseren Gedanken aussenden, auf uns zurückkommt. Wir können es auch das Gesetz der Anziehung, vergleichbar mit dem Gesetz der Resonanz, nennen. Es besagt, dass wir alles magisch anziehen, was wir aussenden. Beides hat dieselbe Aussage bzw. Wirkung.

Ob ein allgemeines glückliches Leben oder wie hier in diesem Buch Reichtum, Wohlstand und Überfluß angestrebt werden, spielt keine Rolle. Alles beginnt mit unseren Gedanken.

Meine Erfahrungsberichte zeigen, wie sich bei mir negative und positive Gedanken erfüllt haben. Dadurch, dass ich mich erst seit ein paar Jahren intensiv mit dem Thema *„Die Macht unserer Gedanken"* befasse und danach lebe, kann ich selbst erst von meinen kleinen Wundern sprechen. In meinem Buch „Glücklich Leben im Paradies Erde", welches bereits hundertfach verkauft wurde und wofür ich viele positive Rückmeldungen erhalten habe, können Sie viele meiner Erfahrungen für alle möglichen Lebenslagen nachlesen.

Einige meiner Erfahrungen liegen weit in der Vergangenheit. Um diese als kleine Wunder zu erkennen, musste ich auch erst die Gesetzmäßigkeiten, welche ich in diesem Buch darstelle, erkennen und erlernen. Erst durch diese Erkenntnis und diesen Lernprozess konnte ich die positiven wie negativen Ereignisse aus meiner Vergangenheit nachvollziehen.

Auf der nächsten Seite habe ich die Kernaussage dieses Buches so aufgeführt, wie Sie diese nutzen können. Diese können Sie ausschneiden bzw. kopieren und für Sie täglich sichtbar an eine Wand hängen. Eine solche Visualisierung, welche Sie täglich positiv beeinflusst, kann ich Ihnen nur wärmstens empfehlen. Sie lenkt Ihre Gedanken von negativem zu positivem Denken.

Visualisieren Sie auf diese Weise auch alle Ihre Wünsche.

„Jeder Erfolg basiert auf einem früheren Gedanken."

Manfred Bogenschütz

"Es ist vollbracht!"

Die letzten Worte Jesus Christus nach Johannes 19,30

Ich lebe glücklich im Paradies Erde

Aktion = Reaktion
Positives fällt mir zu = Zufall!
Ich ziehe Positives an = Anziehung!
Meine Gedanken sind positiv
Meine Wünsche sind positiv

Ich denke nur noch positiv
Ich Liebe alle und alles
Ich bin dankbar für alles was ich habe und
was ist
Ich bin gesund
Ich liebe den Frieden
Ich habe Glück
Ich bin erfolgreich
Ich lebe im Reichtum, Wohlstand und
Überfluss

Bildverzeichnis

Literaturverzeichnis und Buchempfehlungen

Buzan Tony: *Speed Reading – Schneller lesen – mehr verstehen – besser behalten*
deutsche Übersetzung, mvg-Verlag, Redline GmbH
ISBN: 978-3-636-06242-0

Egli René: *Das LOL²A-Prizip – Die Vollkommenheit der Welt*
34. Auflage 2006, Editions d'Olt
ISBN: 3-9520606-0-7

Lassen Arthur: *Heute ist mein bester Tag – Carpe diem Nutze den Tag*
18. Auflage 2003, Lipura
Aus- und Weiterbildungsservice, Klostergarten 21, D-72414 Rangendingen

Lowell Jay Arthur: *Das Geheimnis der Anziehung*
Illustriert von Dorothea Layer-Stahl, VAK Verlags GmbH, 5.Auflage 2003
ISBN: 3-924077-77-0

Mohr Barbara: *Der kosmische Bestellservice – Eine Anleitung zur Reaktivierung von Wundern*
4. Auflage 2000, Omega
ISBN: 3-930243-15-6

Pease Allan & Barbara: *Warum Männer lügen und Frauen immer Schuhe kaufen – Ganz natürliche Erklärungen für eigentlich unerklärliche Beziehungen*
Ullstein
ISBN: 3-548-36662-7

Van Helsing Jan: *Hände weg von diesem Buch*
8. Auflage 2006, amadeus-verlag
ISBN: 3-9807106-8-8

Weitere Bücher des Autors

„Diese Bücher können auch Ihr Leben positiv verändern!"

Bogenschütz Manfred,
Glücklich Leben im Paradies Erde
Books on Demand GmbH, Norderstedt, 2008
ISBN 978-3-8370-2575-0, 156 Seiten, Preis: 20,- EUR

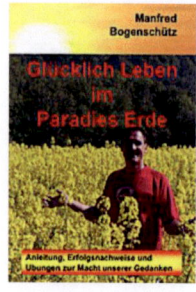

Atemberaubende und tatsächlich erlebte Ereignisse des Autors klingen wie Geschichten aus dem Märchenbuch. Übersichtliche und überschaubare Kapitel führen den Leser kurz und bündig in die Materie ein. Dabei werden die physikalischen Naturgesetze von Aktion = Reaktion und der Anziehung, wie unsere Gedanken als Wünsche im Universum erkannt und erfüllt werden, verständlich erklärt.

Durch Erfahrungsberichte wird die Theorie zum Schauplatz der Realität und der Autor stellt dar, wie er sein Leben mit negativen und positiven Ereignissen in ein „Glückliches Leben im Paradies Erde" führte. Durch Übungsbeispiele kann der Leser das erlernte unmittelbar umsetzten.

Bogenschütz Manfred,
Wie finde ich meinen passenden Lebenspartner
Books on Demand GmbH, Norderstedt, 2009
ISBN: 978-3-8370-8784-0, 112 Seiten, Preis: 12,80 EUR

Dieses Buch ist Teil der Buchserie „Liebes Universum" und beschreibt verständlich anhand von Erfahrungen des Autors **„Finde Deinen passenden Lebenspartner"**

Erfahrungsberichte zeigen, dass durch die Kraft unserer Gedanken vieles möglich ist, was unerklärlich erscheint. Vergleichbar mit den Naturgesetzen aus der Physik wird erklärt, wie alles was wir aussenden geballt auf uns zurück kommt. So ziehen wir magisch an, was wir uns gedanklich wünschen. Negative Gedanken ziehen negative Ereignisse an, positive Gedanken positive Ereignisse. Wie Sie durch diese Kenntnis, welche in allen Büchern der Serie „Liebes Universum" ausführlich beschrieben ist, auch Ihren passenden Lebenspartner im Universum bestellen können, wird anhand vieler Beispiele und Einzelheiten gezeigt. Ein ganzheitliches glückliches Leben steht dabei im Vordergrund, damit unser Unterbewußtsein uns in allen Lebenslagen hilfreich zur Seite stehen kann.

Bogenschütz Manfred,
Wie denke ich mich Gesund
Books on Demand GmbH, Norderstedt, 2009

ISBN 978-3-8370-8998-1, 112 Seiten, Preis: 12,80 EUR

Dieses Buch ist Teil der Buchserie „Liebes Universum" und beschreibt verständlich anhand von Erfahrungen des Autors

„Denke Dich Gesund"

Erfahrungsberichte zeigen, dass durch die Kraft unserer Gedanken vieles möglich ist, was unerklärlich erscheint. Vergleichbar mit den Naturgesetzen aus der Physik wird erklärt, wie alles was wir aussenden geballt auf uns zurück kommt. So ziehen wir magisch an, was wir uns gedanklich wünschen. Negative Gedanken ziehen negative Ereignisse an, positive Gedanken positive Ereignisse. Wie Sie durch diese Kenntnis, welche in allen Büchern der Serie „Liebes Universum" ausführlich beschrieben ist, auch Ihre Gesundheit bzw. im Universum bestellen können bzw. Ihre Selbstheilungskräfte wecken, wird anhand vieler Beispiele und Einzelheiten gezeigt. Ein ganzheitliches glückliches Leben steht dabei im Vordergrund, damit unser Unterbewußtsein uns in allen Lebenslagen hilfreich zur Seite stehen kann.

Bogenschütz Manfred,
Ich verbessere Jetzt und Heute meine Beziehung
Books on Demand GmbH, Norderstedt, 2009

ISBN 978-3-8370-8785-7, 112 Seiten, Preis: 12,80 EUR

Dieses Buch ist Teil der Buchserie „Liebes Universum" und beschreibt verständlich anhand von Erfahrungen des Autors

„Verbessere Deine Beziehung"

Erfahrungsberichte zeigen, dass durch die Kraft unserer Gedanken vieles möglich ist, was unerklärlich erscheint. Vergleichbar mit den Naturgesetzen aus der Physik wird erklärt, wie alles was wir aussenden geballt auf uns zurück kommt. So ziehen wir magisch an, was wir uns gedanklich wünschen. Negative Gedanken ziehen negative Ereignisse an, positive Gedanken positive Ereignisse. Wie Sie durch diese Kenntnis, welche in allen Büchern der Serie „Liebes Universum" ausführlich beschrieben ist, auch Ihre Beziehung verbessern können, wird anhand vieler Beispiele und Einzelheiten gezeigt. Ein ganzheitliches glückliches Leben durch positives Denken und Handeln steht dabei im Vordergrund. Wenn unser Unterbewußtsein weiß was wir wollen kann uns das Universum in allen Lebenslagen helfen.

Bogenschütz Manfred,

Erfülle mir meine Wünsche

ooks on Demand GmbH, Norderstedt, 2009

ISBN 978-3-8370-8997-4, 112 Seiten, Preis: 12,80 EUR

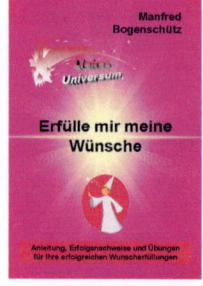

Dieses Buch ist Teil der Buchserie „Liebes Universum" und beschreibt verständlich anhand von Erfahrungen des Autors

„Lass Dir Deine Wünsche erfüllen"

Erfahrungsberichte zeigen, dass durch die Kraft unserer Gedanken vieles möglich ist, was unerklärlich erscheint. Vergleichbar mit den Naturgesetzen aus der Physik wird erklärt, wie alles was wir aussenden geballt auf uns zurück kommt. So ziehen wir magisch an, was wir uns gedanklich wünschen. Negative Gedanken ziehen negative Ereignisse

an, positive Gedanken positive Ereignisse. Wie Sie durch diese Kenntnis, welche in allen Büchern der Serie „Liebes Universum" ausführlich beschrieben ist, auch Ihre individuellen Wünsche im Universum bestellen können, wird anhand vieler Beispiele und Einzelheiten gezeigt. Ein ganzheitliches glückliches Leben steht dabei im Vordergrund, damit unser Unterbewußtsein uns in allen Lebenslagen hilfreich zur Seite stehen kann

Bogenschütz Manfred,

Meine Arbeit soll Spaß machen

Books on Demand GmbH, Norderstedt, 2009

ISBN 978-3-8370-8995-0, 112 Seiten, Preis: 12,80 EUR

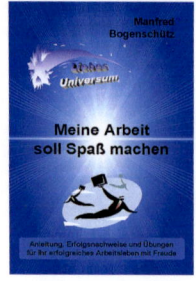

Dieses Buch ist Teil der Buchserie „Liebes Universum" und beschreibt verständlich anhand von Erfahrungen des Autors

„Finde Deinen Traumjob"

Erfahrungsberichte zeigen, dass durch die Kraft unserer Gedanken vieles möglich ist, was unerklärlich erscheint. Vergleichbar mit den Naturgesetzen aus der Physik wird erklärt, wie alles was wir aussenden geballt auf uns zurück kommt. So ziehen wir magisch an, was wir uns gedanklich wünschen. Negative Gedanken ziehen negative Ereignisse

an, positive Gedanken positive Ereignisse. Wie Sie durch diese Kenntnis, welche in allen Büchern der Serie „Liebes Universum" ausführlich beschrieben ist, auch Ihre Freude am Beruf im Universum bestellen können, wird anhand vieler Beispiele und Einzelheiten gezeigt. Ein ganzheitliches glückliches Leben steht dabei im Vordergrund, damit unser Unterbewußtsein uns in allen Lebenslagen hilfreich zur Seite stehen kann.

Entspannungs-CD's des Autors

CD 1
Autogene Entspannung mit Manfred Bogenschütz

Titel: 1. Autogene Entspannung 61:30 min

Kurzbeschreibung: Autogene Entspannung mit Klangschalenklängen und Sprache des Autors.

Bestell-Nr.: MB-2006-CD-01   Preis: 16,80 EUR

CD 2
Tiefenentspannung am Meer

Titel: 1. Tiefenentspannung am Meer 22:02 min, 2. Hilfe zur Selbstheilung 17:12 min, 3. Chakrenübung 17:53 min, 4. Einschlafentspannung 22:43 min

Kurzbeschreibung: Unterschiedliche Entspannungstitel mit Klangschalenklängen und Sprache des Autors.

Bestell-Nr.: MB-2006-CD-02   Preis: 16,80 EUR

CD 3
Tiefenentspannung

Titel: 1. Auf einer grünen Wiese 23:05 min, 2. Autogene Entspannung (Kurzversion von CD 1) 26:07 min, 3. Wunscherfüllung 20:28 min

Kurzbeschreibung: Unterschiedliche Entspannungstitel mit Klangschalenklängen und Sprache des Autors.

Bestell-Nr.: MB-2006-CD-03   Preis: 16,80 EUR

CD 4
Entspannungs-Begleit-CD zum Buch „Glücklich Leben im Paradies Erde"

Titel: 1. Wunscherfüllung 20:28 min 2. Selbstheilung 17:12 min, 3. Chakrenübung 17:53 min

Kurzbeschreibung: Unterschiedliche Entspannungstitel. Auszüge aus CD 2 und CD 3

Bestell-Nr.: MB-2008-CD-04   Preis: 16,80 EUR

Adresse des Autors und
Bestelladresse für Produkte des Autors

Dipl.-Ing.(FH) Manfred Bogenschütz

Steinenberg 11a

88699 Frickingen

Tel.: +49 (0) 7554 – 9 86 51 63

Fax: +49 (0) 7554 – 9 86 51 64

Email: Manfred@Bogenschuetz.eu

Homepage: www.Bogenschuetz.eu

Bild 19: Autor dieses Buches, Dipl.-Ing.(FH) Manfred Bogenschütz,
Foto: www.rolandhuebler.de